VOCABULARIO KIRGUÍS
palabras más usadas

‖‖ ‖ ‖‖‖‖‖‖‖‖‖‖‖‖‖‖‖‖‖ ‖‖ ‖‖
I0142686

Los vocabularios de T&P Books buscan ayudar al aprendiz a aprender, memorizar y repasar palabras de idiomas extranjeros. Los vocabularios contienen más de 7000 palabras comúnmente usadas y organizadas de manera temática.

- El vocabulario contiene las palabras corrientes más usadas.
- Se recomienda como ayuda adicional a cualquier curso de idiomas.
- Capta las necesidades de aprendices de nivel principiante y avanzado.
- Es conveniente para uso cotidiano, prácticas de revisión y actividades de auto-evaluación.
- Facilita la evaluación del vocabulario.

Aspectos claves del vocabulario

- Las palabras se organizan según el significado, no según el orden alfabético.
- Las palabras se presentan en tres columnas para facilitar los procesos de repaso y auto-evaluación.
- Los grupos de palabras se dividen en pequeñas secciones para facilitar el proceso de aprendizaje.
- El vocabulario ofrece una transcripción sencilla y conveniente de cada palabra extranjera.

El vocabulario contiene 198 temas que incluyen lo siguiente:

Conceptos básicos, números, colores, meses, estaciones, unidades de medidas, ropa y accesorios, comida y nutrición, restaurantes, familia nuclear, familia extendida, características de personalidad, sentimientos, emociones, enfermedades, la ciudad y el pueblo, exploración del paisaje, compras, finanzas, la casa, el hogar, la oficina, el trabajo en oficina, importación y exportación, promociones, búsqueda de trabajo, deportes, educación, computación, la red, herramientas, la naturaleza, los países, las nacionalidades y más ...

TABLA DE CONTENIDO

T&p BOOKS

KIRGUÍS
VOCABULARIO

ESPAÑOL-
KIRGUÍS

Las palabras más útiles
Para expandir su vocabulario y refinar
sus habilidades lingüísticas

7000 palabras

Vocabulario Español-Kirguís - 7000 palabras más usadas
por Andrey Taranov

Los vocabularios de T&P Books buscan ayudar en el aprendizaje, la memorización y la revisión de palabras de idiomas extranjeros. El diccionario se divide por temas, cubriendo toda la esfera de las actividades cotidianas, de negocios, ciencias, cultura, etc.

El proceso de aprendizaje de palabras utilizando los diccionarios temáticos de T&P Books le proporcionará a usted las siguientes ventajas:

- La información del idioma secundario está organizada claramente y predetermina el éxito para las etapas subsiguientes en la memorización de palabras.
- Las palabras derivadas de la misma raíz se agrupan, lo cual permite la memorización de grupos de palabras en vez de palabras aisladas.
- Las unidades pequeñas de palabras facilitan el proceso de reconocimiento de enlaces de asociación que se necesitan para la cohesión del vocabulario.
- De este modo, se puede estimar el número de palabras aprendidas y así también el nivel de conocimiento del idioma.

T&P Books Publishing
www.tpbooks.com

ISBN: 978-1-78767-024-2

Este libro está disponible en formato electrónico o de E-Book también.
Visite www.tpbooks.com o las librerías electrónicas más destacadas en la Red.

GUÍA DE PRONUNCIACIÓN

T&P alfabeto fonético	Ejemplo kirguís	Ejemplo español
[a]	манжа [manʤa]	radio
[e]	келечек [keletʃek]	verano
[i]	жигит [ʤigit]	ilegal
[ı]	кубаныч [kubanıʧ]	abismo
[o]	мактоо [maktoo]	bordado
[u]	узундук [uzunduk]	mundo
[ʉ]	алюминий [alʉminij]	ciudad
[y]	түнкү [tynky]	pluma
[b]	ашкабак [aʃkabak]	en barco
[d]	адам [adam]	desierto
[dʒ]	жыгач [dʒıgaʧ]	jazz
[f]	флейта [flejta]	golf
[g]	тегерек [tegerek]	jugada
[j]	бөйрөк [bøjrøk]	asiento
[k]	карапа [karapa]	charco
[l]	алтын [altın]	lira
[m]	бешмант [beʃmant]	nombre
[n]	найза [najza]	número
[ŋ]	булуң [buluŋ]	rincón
[p]	пайдубал [pajdubal]	precio
[r]	рахмат [raχmat]	era, alfombra
[s]	сагызган [sagızgan]	salva
[ʃ]	бурулуш [buruluʃ]	shopping
[t]	түтүн [tytyn]	torre
[χ]	пахтадан [paχtadan]	reloj, ojo
[ts]	шприц [ʃprits]	tsunami
[ʧ]	биринчи [birinʧi]	mapache
[v]	квартал [kvartal]	travieso
[z]	казуу [kazuu]	desde
[ʲ]	руль, актёр [rulʲ, aktʲor]	signo de palatalización
[ʰ]	объектив [obʰjektiv]	signo duro

ABREVIATURAS
usadas en el vocabulario

Abreviatura en español

adj	-	adjetivo
adv	-	adverbio
anim.	-	animado
conj	-	conjunción
etc.	-	etcétera
f	-	sustantivo femenino
f pl	-	femenino plural
fam.	-	uso familiar
fem.	-	femenino
form.	-	uso formal
inanim.	-	inanimado
innum.	-	innumerable
m	-	sustantivo masculino
m pl	-	masculino plural
m, f	-	masculino, femenino
masc.	-	masculino
mat	-	matemáticas
mil.	-	militar
num.	-	numerable
p.ej.	-	por ejemplo
pl	-	plural
pron	-	pronombre
sg	-	singular
v aux	-	verbo auxiliar
vi	-	verbo intransitivo
vi, vt	-	verbo intransitivo, verbo transitivo
vr	-	verbo reflexivo
vt	-	verbo transitivo

CONCEPTOS BÁSICOS

Conceptos básicos. Unidad 1

1. Los pronombres

yo	мен, мага	men, maga
tú	сен	sen
él, ella, ello	ал	al
ellos, ellas	алар	alar

2. Saludos. Salutaciones. Despedidas

¡Hola! (fam.)	Салам!	salam!
¡Hola! (form.)	Саламатсызбы!	salamatsızbı!
¡Buenos días!	Кутман таңыңыз менен!	kutman taŋıŋız menen!
¡Buenas tardes!	Кутман күнүңүз менен!	kutman kynyŋyz menen!
¡Buenas noches!	Кутман кечиңиз менен!	kutman ketʃiŋiz menen!
decir hola	учурашуу	utʃuraʃuu
¡Hola! (a un amigo)	Кандай!	kandaj!
saludo (m)	салам	salam
saludar (vt)	саламдашуу	salamdaʃuu
¿Cómo estás?	Иштериң кандай?	iʃteriŋ kandaj?
¿Cómo estáis?	Иштериңиз кандай?	iʃteriŋiz kandaj?
¿Cómo estás?	Иштер кандай?	iʃter kandaj?
¿Qué hay de nuevo?	Эмне жаңылык?	emne dʒaŋılık?
¡Chau! ¡Adiós!	Көрүшкөнчө!	køryʃkøntʃø!
¡Hasta pronto!	Эмки жолукканга чейин!	emki dʒolukkanga tʃejin!
¡Adiós! (fam.)	Кош бол!	koʃ bol!
¡Adiós! (form.)	Кош болуңуз!	koʃ boluŋuz!
despedirse (vr)	коштошуу	koʃtoʃuu
¡Hasta luego!	Жакшы кал!	dʒakʃı kal!
¡Gracias!	Рахмат!	raχmat!
¡Muchas gracias!	Чоң рахмат!	tʃoŋ raχmat!
De nada	Эч нерсе эмес	etʃ nerse emes
No hay de qué	Алкышка арзыбайт	alkıʃka arzıbajt
De nada	Эчтеке эмес.	etʃteke emes
¡Disculpa!	Кечир!	ketʃir!
¡Disculpe!	Кечирип коюңузчу!	ketʃirip kojuŋuztʃu!
disculpar (vt)	кечирүү	ketʃiryy
disculparse (vr)	кечирим суроо	ketʃirim suroo
Mis disculpas	Кечирим сураймо.	ketʃirim surajm

¡Perdóneme!	Кечиресиз!	ketʃiresiz!
perdonar (vt)	кечирүү	ketʃiryy
¡No pasa nada!	Эч капачылык жок.	etʃ kapatʃılık dʒok
por favor	суранам	suranam

¡No se le olvide!	Унутуп калбаңыз!	unutup kalbaŋız!
¡Ciertamente!	Албетте!	albette!
¡Claro que no!	Албетте жок!	albette dʒok!
¡De acuerdo!	Макул!	makul!
¡Basta!	Жетишет!	dʒetiʃet!

3. Números cardinales. Unidad 1

cero	нөл	nøl
uno	бир	bir
dos	эки	eki
tres	үч	ytʃ
cuatro	төрт	tørt

cinco	беш	beʃ
seis	алты	altı
siete	жети	dʒeti
ocho	сегиз	segiz
nueve	тогуз	toguz

diez	он	on
once	он бир	on bir
doce	он эки	on eki
trece	он үч	on ytʃ
catorce	он төрт	on tørt

quince	он беш	on beʃ
dieciséis	он алты	on altı
diecisiete	он жети	on dʒeti
dieciocho	он сегиз	on segiz
diecinueve	он тогуз	on toguz

veinte	жыйырма	dʒıjırma
veintiuno	жыйырма бир	dʒıjırma bir
veintidós	жыйырма эки	dʒıjırma eki
veintitrés	жыйырма үч	dʒıjırma ytʃ

treinta	отуз	otuz
treinta y uno	отуз бир	otuz bir
treinta y dos	отуз эки	otuz eki
treinta y tres	отуз үч	otuz ytʃ

cuarenta	кырк	kırk
cuarenta y dos	кырк эки	kırk eki
cuarenta y tres	кырк үч	kırk ytʃ

cincuenta	элүү	elyy
cincuenta y uno	элүү бир	elyy bir
cincuenta y dos	элүү эки	elyy eki

cincuenta y tres	элүү үч	elyy yʧ
sesenta	алтымыш	altımıʃ
sesenta y uno	алтымыш бир	altımıʃ bir
sesenta y dos	алтымыш эки	altımıʃ eki
sesenta y tres	алтымыш үч	altımıʃ yʧ
setenta	жетимиш	dʒetimiʃ
setenta y uno	жетимиш бир	dʒetimiʃ bir
setenta y dos	жетимиш эки	dʒetimiʃ eki
setenta y tres	жетимиш үч	dʒetimiʃ yʧ
ochenta	сексен	seksen
ochenta y uno	сексен бир	seksen bir
ochenta y dos	сексен эки	seksen eki
ochenta y tres	сексен үч	seksen yʧ
noventa	токсон	tokson
noventa y uno	токсон бир	tokson bir
noventa y dos	токсон эки	tokson eki
noventa y tres	токсон үч	tokson yʧ

4. Números cardinales. Unidad 2

cien	бир жүз	bir dʒyz
doscientos	эки жүз	eki dʒyz
trescientos	үч жүз	yʧ dʒyz
cuatrocientos	төрт жүз	tørt dʒyz
quinientos	беш жүз	beʃ dʒyz
seiscientos	алты жүз	altı dʒyz
setecientos	жети жүз	dʒeti dʒyz
ochocientos	сегиз жүз	segiz dʒyz
novecientos	тогуз жүз	toguz dʒyz
mil	бир миң	bir miŋ
dos mil	эки миң	eki miŋ
tres mil	үч миң	yʧ miŋ
diez mil	он миң	on miŋ
cien mil	жүз миң	dʒyz miŋ
millón (m)	миллион	million
mil millones	миллиард	milliard

5. Números. Fracciones

fracción (f)	бөлчөк	bølʧøk
un medio	экиден бир	ekiden bir
un tercio	үчтөн бир	yʧtøn bir
un cuarto	төрттөн бир	tørttøn bir
un octavo	сегизден бир	segizden bir
un décimo	тогуздан бир	toguzdan bir
dos tercios	үчтөн эки	yʧtøn eki
tres cuartos	төрттөн үч	tørttøn yʧ

6. Números. Operaciones básicas

sustracción (f)	кемитүү	kemityy
sustraer (vt)	кемитүү	kemityy
división (f)	бөлүү	bølyy
dividir (vt)	бөлүү	bølyy
adición (f)	кошуу	koʃuu
sumar (totalizar)	кошуу	koʃuu
adicionar (vt)	кошуу	koʃuu
multiplicación (f)	көбөйтүү	købøjtyy
multiplicar (vt)	көбөйтүү	købøjtyy

7. Números. Miscelánea

cifra (f)	санарип	sanarip
número (m) (~ cardinal)	сан	san
numeral (m)	сан атооч	san atootʃ
menos (m)	кемитүү	kemityy
más (m)	плюс	plʉs
fórmula (f)	формула	formula
cálculo (m)	эсептөө	eseptøø
contar (vt)	саноо	sanoo
calcular (vt)	эсептөө	eseptøø
comparar (vt)	салыштыруу	salıʃtıruu
¿Cuánto?	Канча?	kantʃa?
suma (f)	жыйынтык	dʒıjıntık
resultado (m)	натыйжа	natıjdʒa
resto (m)	калдык	kaldık
algunos, algunas ...	бир нече	bir netʃe
poco (adv)	биртике	bir az
poco (num.)	бир аз	bir az
poco (innum.)	кичине	kitʃine
resto (m)	калганы	kalganı
uno y medio	бир жарым	bir dʒarım
docena (f)	он эки даана	on eki daana
en dos	тең экиге	teŋ ekige
en partes iguales	тең	teŋ
mitad (f)	жарым	dʒarım
vez (f)	бир жолу	bir dʒolu

8. Los verbos más importantes. Unidad 1

abrir (vt)	ачуу	atʃuu
acabar, terminar (vt)	бүтүрүү	bytyryy
aconsejar (vt)	кеңеш берүү	keŋeʃ beryy
adivinar (vt)	жандырмагын табуу	dʒandırmagın tabuu

| advertir (vt) | эскертүү | eskertyy |
| alabarse, jactarse (vr) | мактануу | maktanuu |

almorzar (vi)	түштөнүү	tyʃtønyy
alquilar (~ una casa)	батирге алуу	batirge aluu
amenazar (vt)	коркутуу	korkutuu
arrepentirse (vr)	өкүнүү	økynyy
ayudar (vt)	жардам берүү	dʒardam beryy
bañarse (vr)	сууга түшүү	suuga tyʃyy

bromear (vi)	тамашалоо	tamaʃaloo
buscar (vt)	... издөө	... izdøø
caer (vi)	жыгылуу	dʒıgıluu
callarse (vr)	үнчукпоо	untʃukpoo
cambiar (vt)	өзгөртүү	øzgørtyy
castigar, punir (vt)	жазалоо	dʒazaloo

cavar (vt)	казуу	kazuu
cazar (vi, vt)	аңчылык кылуу	aŋtʃılık kıluu
cenar (vi)	кечки тамакты ичүү	ketʃki tamaktı itʃyy
cesar (vt)	токтотуу	toktotuu
coger (vt)	кармоо	karmoo
comenzar (vt)	баштоо	baʃtoo

comparar (vt)	салыштыруу	salıʃtıruu
comprender (vt)	түшүнүү	tyʃynyy
confiar (vt)	ишенүү	iʃenyy
confundir (vt)	адаштыруу	adaʃtıruu
conocer (~ a alguien)	таануу	taanuu
contar (vt) (enumerar)	саноо	sanoo

contar con ...	... ишенүү	... iʃenyy
continuar (vt)	улантуу	ulantuu
controlar (vt)	башкаруу	baʃkaruu
correr (vi)	чуркоо	tʃurkoo
costar (vt)	туруу	turuu
crear (vt)	жаратуу	dʒaratuu

9. Los verbos más importantes. Unidad 2

dar (vt)	берүү	beryy
dar una pista	четин чыгаруу	tʃetin tʃıgaruu
decir (vt)	айтуу	ajtuu
decorar (para la fiesta)	кооздоо	koozdoo

defender (vt)	коргоо	korgoo
dejar caer	түшүрүп алуу	tyʃyryp aluu
desayunar (vi)	эртең менен тамактануу	erteŋ menen tamaktanuu
descender (vi)	ылдый түшүү	ıldıj tyʃyy

dirigir (administrar)	башкаруу	baʃkaruu
disculpar (vt)	кечирүү	ketʃiryy
disculparse (vr)	кечирим суроо	ketʃirim suroo
discutir (vt)	талкуулоо	talkuuloo

dudar (vt)	күмөн саноо	kymøn sanoo
encontrar (hallar)	таап алуу	taap aluu
engañar (vi, vt)	алдоо	aldoo
entrar (vi)	кирүү	kiryy
enviar (vt)	жөнөтүү	dʒønøtyy

equivocarse (vr)	ката кетирүү	kata ketiryy
escoger (vt)	тандоо	tandoo
esconder (vt)	жашыруу	dʒaʃiruu
escribir (vt)	жазуу	dʒazuu
esperar (aguardar)	күтүү	kytyy

esperar (tener esperanza)	үмүттөнүү	ymyttønyy
estar de acuerdo	макул болуу	makul boluu
estudiar (vt)	окуу	okuu

exigir (vt)	талап кылуу	talap kıluu
existir (vi)	чыгуу	tʃıguu
explicar (vt)	түшүндүрүү	tyʃyndyryy
faltar (a las clases)	калтыруу	kaltıruu
firmar (~ el contrato)	кол коюу	kol kojʉu

girar (~ a la izquierda)	бурулуу	buruluu
gritar (vi)	кыйкыруу	kıjkıruu
guardar (conservar)	сактоо	saktoo
gustar (vi)	жактыруу	dʒaktıruu
hablar (vi, vt)	сүйлөө	syjløø

hacer (vt)	кылуу	kıluu
informar (vt)	маалымат берүү	maalımat beryy
insistir (vi)	көжөрүү	køʃøryy
insultar (vt)	кемсинтүү	kemsintyy

interesarse (vr)	... кызыгуу	... kızıguu
invitar (vt)	чакыруу	tʃakıruu
ir (a pie)	жөө басуу	dʒøø basuu
jugar (divertirse)	ойноо	ojnoo

10. Los verbos más importantes. Unidad 3

leer (vi, vt)	окуу	okuu
liberar (ciudad, etc.)	бошотуу	boʃotuu
llamar (por ayuda)	чакыруу	tʃakıruu
llegar (vi)	келүү	kelyy
llorar (vi)	ыйлоо	ijloo

matar (vt)	өлтүрүү	øltyryy
mencionar (vt)	айтып өтүү	ajtıp øtyy
mostrar (vt)	көрсөтүү	kørsøtyy
nadar (vi)	сүзүү	syzyy

negarse (vr)	баш тартуу	baʃ tartuu
objetar (vt)	каршы болуу	karʃı boluu
observar (vt)	байкоо салуу	bajkoo

oír (vt)	угуу	uguu
olvidar (vt)	унутуу	unutuu
orar (vi)	дуба кылуу	duba kıluu
ordenar (mil.)	буйрук кылуу	bujruk kıluu
pagar (vi, vt)	төлөө	tøløø
pararse (vr)	токтоо	toktoo

participar (vi)	катышуу	katıʃuu
pedir (ayuda, etc.)	суроо	suroo
pedir (en restaurante)	буйрутма кылуу	bujrutma kıluu
pensar (vi, vt)	ойлоо	ojloo

percibir (ver)	байкоо	bajkoo
perdonar (vt)	кечирүү	ketʃiryy
permitir (vt)	уруксат берүү	uruksat beryy
pertenecer a ...	таандык болуу	taandık boluu

planear (vt)	пландаштыруу	plandaʃtıruu
poder (v aux)	жасай алуу	dʒasaj aluu
poseer (vt)	ээ болуу	ee boluu
preferir (vt)	артык көрүү	artık køryy
preguntar (vt)	суроо	suroo

preparar (la cena)	тамак бышыруу	tamak bıʃiruu
prever (vt)	күтүү	kytyy
probar, tentar (vt)	аракет кылуу	araket kıluu
prometer (vt)	убада берүү	ubada beryy
pronunciar (vt)	айтуу	ajtuu

proponer (vt)	сунуштоо	sunuʃtoo
quebrar (vt)	сындыруу	sındıruu
quejarse (vr)	арыздануу	arızdanuu
querer (amar)	сүйүү	syjyy
querer (desear)	каалоо	kaaloo

11. Los verbos más importantes. Unidad 4

recomendar (vt)	сунуштоо	sunuʃtoo
regañar, reprender (vt)	урушуу	uruʃuu
reírse (vr)	күлүү	kylyy
repetir (vt)	кайталоо	kajtaloo
reservar (~ una mesa)	камдык буйрутмалоо	kamdık bujrutmaloo
responder (vi, vt)	жооп берүү	dʒoop beryy

robar (vt)	уурдоо	uurdoo
saber (~ algo mas)	билүү	bilyy
salir (vi)	чыгуу	tʃıguu
salvar (vt)	куткаруу	kutkaruu
seguir ...	... ээрчүү	... eertʃyy
sentarse (vr)	отуруу	oturuu

ser necesario	керек болуу	kerek boluu
ser, estar (vi)	болуу	boluu
significar (vt)	билдирүү	bildiryy

| sonreír (vi) | жылмаюу | dʒılmadʒuu |
| sorprenderse (vr) | таң калуу | taŋ kaluu |

subestimar (vt)	баалабоо	baalaboo
tener (vt)	бар болуу	bar boluu
tener hambre	ачка болуу	atʃka boluu
tener miedo	жазкануу	dʒazkanuu

tener prisa	шашуу	ʃaʃuu
tener sed	суусап калуу	suusap kaluu
tirar, disparar (vi)	атуу	atuu
tocar (con las manos)	тийүү	tijyy
tomar (vt)	алуу	aluu
tomar nota	кагазга түшүрүү	kagazga tyʃyryy

trabajar (vi)	иштее	iʃtøø
traducir (vt)	которуу	kotoruu
unir (vt)	бириктирүү	biriktiryy
vender (vt)	сатуу	satuu
ver (vt)	көрүү	køryy
volar (pájaro, avión)	учуу	utʃuu

12. Los colores

color (m)	түс	tys
matiz (m)	кошумча түс	koʃumtʃa tys
tono (m)	кубулуу	kubuluu
arco (m) iris	күндүн кулагы	kyndyn kulagı

blanco (adj)	ак	ak
negro (adj)	кара	kara
gris (adj)	боз	boz

verde (adj)	жашыл	dʒaʃıl
amarillo (adj)	сары	sarı
rojo (adj)	кызыл	kızıl

azul (adj)	көк	køk
azul claro (adj)	көгүлтүр	køgyltyr
rosa (adj)	мала	mala
naranja (adj)	кызгылт сары	kızgılt sarı
violeta (adj)	сыя көк	sıja køk
marrón (adj)	күрөң	kyrøŋ

| dorado (adj) | алтын түстүү | altın tystyy |
| argentado (adj) | күмүш өңдүү | kymyʃ øŋdyy |

beige (adj)	сары боз	sarı boz
crema (adj)	саргылт	sargılt
turquesa (adj)	бирюза	biruza
rojo cereza (adj)	кочкул кызыл	kotʃkul kızıl
lila (adj)	кызгылт көгүш	kızgılt køgyʃ
carmesí (adj)	ачык кызыл	atʃık kızıl
claro (adj)	ачык	atʃık

| oscuro (adj) | күңүрт | kyŋyrt |
| vivo (adj) | ачык | atʃık |

de color (lápiz ~)	түстүү	tystyy
en colores (película ~)	түстүү	tystyy
blanco y negro (adj)	ак-кара	ak-kara
unicolor (adj)	бир өңчөй түстө	bir øŋtʃøj tystø
multicolor (adj)	ар түрдүү түстө	ar tyrdyy tystø

13. Las preguntas

¿Quién?	Ким?	kim?
¿Qué?	Эмне?	emne?
¿Dónde?	Каерде?	kaerde?
¿Adónde?	Каяка?	kajaka?
¿De dónde?	Каяктан?	kajaktan?
¿Cuándo?	Качан?	katʃan?
¿Para qué?	Эмне үчүн?	emne ytʃyn?
¿Por qué?	Эмнеге?	emnege?

¿Por qué razón?	Кайсы керекке?	kajsı kerekke?
¿Cómo?	Кандай?	kandaj?
¿Qué ...? (~ color)	Кайсы?	kajsı?
¿Cuál?	Кайсынысы?	kajsınısı?

¿A quién?	Кимге?	kimge?
¿De quién? (~ hablan ...)	Ким жөнүндө?	kim dʒønyndø?
¿De qué?	Эмне жөнүндө?	emne dʒønyndø?
¿Con quién?	Ким менен?	kim menen?

¿Cuánto?	Канча?	kantʃa?
¿De quién? (~ es este ...)	Кимдики?	kimdiki?
¿De quién? (fem.)	Кимдики?	kimdiki?
¿De quién? (pl)	Кимдердики?	kimderdiki?

14. Las palabras útiles. Los adverbios. Unidad 1

¿Dónde?	Каерде?	kaerde?
aquí (adv)	бул жерде	bul dʒerde
allí (adv)	тээтигил жакта	teetigil dʒakta

| en alguna parte | бир жерде | bir dʒerde |
| en ninguna parte | эч жакта | etʃ dʒakta |

| junto a ... | ... жанында | ... dʒanında |
| junto a la ventana | терезенин жанында | terezenin dʒanında |

¿A dónde?	Каяка?	kajaka?
aquí (venga ~)	бери	beri
allí (vendré ~)	нары	narı
de aquí (adv)	бул жерден	bul dʒerden
de allí (adv)	тигил жерден	tigil dʒerden

| cerca (no lejos) | жакын | dʒakın |
| lejos (adv) | алыс | alıs |

cerca de ...	... тегерегинде	... tegereginde
al lado (de ...)	жакын арада	dʒakın arada
no lejos (adv)	алыс эмес	alıs emes

izquierdo (adj)	сол	sol
a la izquierda (situado ~)	сол жакта	sol dʒakta
a la izquierda (girar ~)	солго	solgo

derecho (adj)	оң	oŋ
a la derecha (situado ~)	оң жакта	oŋ dʒakta
a la derecha (girar)	оңго	oŋgo

delante (yo voy ~)	астыда	astıda
delantero (adj)	алдыңкы	aldıŋkı
adelante (movimiento)	алдыга	aldıga

detrás de ...	артында	artında
desde atrás	артынан	artınan
atrás (da un paso ~)	артка	artka

| centro (m), medio (m) | ортосу | ortosu |
| en medio (adv) | ортосунда | ortosunda |

de lado (adv)	капталында	kaptalında
en todas partes	бүт жерде	byt dʒerde
alrededor (adv)	айланасында	ajlanasında

de dentro (adv)	ичинде	itʃinde
a alguna parte	бир жерде	bir dʒerde
todo derecho (adv)	түз	tyz
atrás (muévelo para ~)	кайра	kajra

| de alguna parte (adv) | бир жерден | bir dʒerden |
| no se sabe de dónde | бир жактан | bir dʒaktan |

primero (adv)	биринчиден	birintʃiden
segundo (adv)	экинчиден	ekintʃiden
tercero (adv)	үчүнчүдөн	ytʃyntʃydøn

de súbito (adv)	күтпөгөн жерден	kytpøgøn dʒerden
al principio (adv)	башында	baʃında
por primera vez	биринчи жолу	birintʃi dʒolu
mucho tiempo antes ...	... алдында	... aldında
de nuevo (adv)	башынан	baʃınan
para siempre (adv)	түбөлүккө	tybølykkø

jamás, nunca (adv)	эч качан	etʃ katʃan
de nuevo (adv)	кайра	kajra
ahora (adv)	эми	emi
frecuentemente (adv)	көпчүлүк учурда	køptʃylyk utʃurda
entonces (adv)	анда	anda
urgentemente (adv)	тезинен	tezinen
usualmente (adv)	көбүнчө	købyntʃø

a propósito, …	баса, …	basa, …
es probable	мүмкүн	mymkyn
probablemente (adv)	балким	balkim
tal vez	ыктымал	ıktımal
además …	андан тышкары, …	andan tıʃkarı, …
por eso …	ошондуктан …	oʃonduktan …
a pesar de …	… карабастан	… karabastan
gracias a …	… күчү менен	… kytʃy menen
qué (pron)	эмне	emne
que (conj)	эмне	emne
algo (~ le ha pasado)	бир нерсе	bir nerse
algo (~ así)	бир нерсе	bir nerse
nada (f)	эч нерсе	etʃ nerse
quien	ким	kim
alguien (viene ~)	кимдир бирөө	kimdir birøø
alguien (¿ha llamado ~?)	бирөө жарым	birøø dʒarım
nadie	эч ким	etʃ kim
a ninguna parte	эч жака	etʃ dʒaka
de nadie	эч кимдики	etʃ kimdiki
de alguien	бирөөнүкү	birøønyky
tan, tanto (adv)	эми	emi
también (~ habla francés)	ошондой эле	oʃondoj ele
también (p.ej. Yo ~)	дагы	dagı

15. Las palabras útiles. Los adverbios. Unidad 2

¿Por qué?	Эмнеге?	emnege?
no se sabe porqué	эмнегедир	emnegedir
porque …	… себептен	… sebepten
por cualquier razón (adv)	эмне үчүндүр	emne ytʃyndyr
y (p.ej. uno y medio)	жана	dʒana
o (p.ej. té o café)	же	dʒe
pero (p.ej. me gusta, ~)	бирок	birok
para (p.ej. es para ti)	үчүн	ytʃyn
demasiado (adv)	өтө эле	øtø ele
sólo, solamente (adv)	азыр эле	azır ele
exactamente (adv)	так	tak
unos …,	болжол менен	boldʒol menen
cerca de … (~ 10 kg)		
aproximadamente	болжол менен	boldʒol menen
aproximado (adj)	болжолдуу	boldʒolduu
casi (adv)	дээрлик	deerlik
resto (m)	калганы	kalganı
el otro (adj)	башка	baʃka
otro (p.ej. el otro día)	башка бөлөк	baʃka bøløk
cada (adj)	ар бири	ar biri

cualquier (adj)	баардык	baardık
mucho (adv)	көп	køp
muchos (mucha gente)	көбү	køby
todos	баары	baarı
a cambio de ...	... алмашуу	... almaʃuu
en cambio (adv)	ордуна	orduna
a mano (hecho ~)	колго	kolgo
poco probable	ишенүүгө болбойт	iʃenyygø bolbojt
probablemente	балким	balkim
a propósito (adv)	атайын	atajın
por accidente (adv)	кокустан	kokustan
muy (adv)	аябай	ajabaj
por ejemplo (adv)	мисалы	misalı
entre (~ nosotros)	ортосунда	ortosunda
entre (~ otras cosas)	арасында	arasında
tanto (~ gente)	ошончо	oʃontʃo
especialmente (adv)	өзгөчө	øzgøtʃø

Conceptos básicos. Unidad 2

16. Los días de la semana

lunes (m)	дүйшөмбү	dyjʃømby
martes (m)	шейшемби	ʃejʃembi
miércoles (m)	шаршемби	ʃarʃembi
jueves (m)	бейшемби	bejʃembi
viernes (m)	жума	dʒuma
sábado (m)	ишенби	iʃenbi
domingo (m)	жекшемби	dʒekʃembi
hoy (adv)	бүгүн	bygyn
mañana (adv)	эртең	erteŋ
pasado mañana	бирсүгүнү	birsygyny
ayer (adv)	кечээ	ketʃee
anteayer (adv)	мурда күнү	murda kyny
día (m)	күн	kyn
día (m) de trabajo	иш күнү	iʃ kyny
día (m) de fiesta	майрам күнү	majram kyny
día (m) de descanso	дем алыш күн	dem alıʃ kyn
fin (m) de semana	дем алыш күндөр	dem alıʃ kyndør
todo el día	күнү бою	kyny bojʉ
al día siguiente	кийинки күнү	kijinki kyny
dos días atrás	эки күн мурун	eki kyn murun
en vísperas (adv)	жакында	dʒakında
diario (adj)	күндө	kyndø
cada día (adv)	күн сайын	kyn sajın
semana (f)	жума	dʒuma
semana (f) pasada	өткөн жумада	øtkøn dʒumada
semana (f) que viene	келаткан жумада	kelatkan dʒumada
semanal (adj)	жума сайын	dʒuma sajın
cada semana (adv)	жума сайын	dʒuma sajın
2 veces por semana	жумасына эки жолу	dʒumasına eki dʒolu
todos los martes	ар шейшемби	ar ʃejʃembi

17. Las horas. El día y la noche

mañana (f)	таң	taŋ
por la mañana	эртең менен	erteŋ menen
mediodía (m)	жарым күн	dʒarım kyn
por la tarde	түштөн кийин	tyʃtøn kijin
noche (f)	кеч	ketʃ
por la noche	кечинде	ketʃinde

noche (f) (p.ej. 2:00 a.m.)	түн	tyn
por la noche	түндө	tyndø
medianoche (f)	жарым түн	dʒarım tyn
segundo (m)	секунда	sekunda
minuto (m)	мүнөт	mynøt
hora (f)	саат	saat
media hora (f)	жарым саат	dʒarım saat
cuarto (m) de hora	чейрек саат	ʧejrek saat
quince minutos	он беш мүнөт	on beʃ mynøt
veinticuatro horas	сутка	sutka
salida (f) del sol	күндүн чыгышы	kyndyn ʧıgıʃı
amanecer (m)	таң агаруу	taŋ agaruu
madrugada (f)	таң эрте	taŋ erte
puesta (f) del sol	күн батуу	kyn batuu
de madrugada	таң эрте	taŋ erte
esta mañana	бүгүн эртең менен	bygyn erteŋ menen
mañana por la mañana	эртең эртең менен	erteŋ erteŋ menen
esta tarde	күндүзү	kyndyzy
por la tarde	түштөн кийин	tyʃtøn kijin
mañana por la tarde	эртең түштөн кийин	erteŋ tyʃtøn kijin
esta noche (p.ej. 8:00 p.m.)	бүгүн кечинде	bygyn keʧinde
mañana por la noche	эртең кечинде	erteŋ keʧinde
a las tres en punto	туура саат үчтө	tuura saat yʧtø
a eso de las cuatro	болжол менен төрт саат	boldʒol menen tørt saat
para las doce	саат он экиде	saat on ekide
dentro de veinte minutos	жыйырма мүнөттөн кийин	dʒıjırma mynøttøn kijin
dentro de una hora	бир сааттан кийин	bir saattan kijin
a tiempo (adv)	өз убагында	øz ubagında
... menos cuarto	... он беш мүнөт калды	... on beʃ mynøt kaldı
durante una hora	бир сааттын ичинде	bir saattın iʧinde
cada quince minutos	он беш мүнөт сайын	on beʃ mynøt sajın
día y noche	бир сутка бою	bir sutka boju

18. Los meses. Las estaciones

enero (m)	январь	janvarʲ
febrero (m)	февраль	fevralʲ
marzo (m)	март	mart
abril (m)	апрель	aprelʲ
mayo (m)	май	maj
junio (m)	июнь	ijunʲ
julio (m)	июль	ijulʲ
agosto (m)	август	avgust
septiembre (m)	сентябрь	sentʲabrʲ
octubre (m)	октябрь	oktʲabrʲ
noviembre (m)	ноябрь	nojabrʲ
diciembre (m)	декабрь	dekabrʲ

primavera (f)	жаз	dʒaz
en primavera	жазында	dʒazında
de primavera (adj)	жазгы	dʒazgı
verano (m)	жай	dʒaj
en verano	жайында	dʒajında
de verano (adj)	жайкы	dʒajkı
otoño (m)	күз	kyz
en otoño	күзүндө	kyzyndø
de otoño (adj)	күздүк	kyzdγk
invierno (m)	кыш	kıʃ
en invierno	кышында	kıʃında
de invierno (adj)	кышкы	kıʃkı
mes (m)	ай	aj
este mes	ушул айда	uʃul ajda
al mes siguiente	кийинки айда	kijinki ajda
el mes pasado	өткөн айда	øtkøn ajda
hace un mes	бир ай мурун	bir aj murun
dentro de un mes	бир айдан кийин	bir ajdan kijin
dentro de dos meses	эки айдан кийин	eki ajdan kijin
todo el mes	ай бою	aj bojʉ
todo un mes	толук бир ай	toluk bir aj
mensual (adj)	ай сайын	aj sajın
mensualmente (adv)	ай сайын	aj sajın
cada mes	ар бир айда	ar bir ajda
dos veces por mes	айына эки жолу	ajına eki dʒolu
año (m)	жыл	dʒıl
este año	бул жылы	bul dʒılı
el próximo año	келаткан жылы	kelatkan dʒılı
el año pasado	өткөн жылы	øtkøn dʒılı
hace un año	бир жыл мурун	bir dʒıl murun
dentro de un año	бир жылдан кийин	bir dʒıldan kijin
dentro de dos años	эки жылдан кийин	eki dʒıldan kijin
todo el año	жыл бою	dʒıl bodʒʉ
todo un año	толук бир жыл	toluk bir dʒıl
cada año	ар жыл сайын	ar dʒıl sajın
anual (adj)	жыл сайын	dʒıl sajın
anualmente (adv)	жыл сайын	dʒıl sajın
cuatro veces por año	жылына төрт жолу	dʒılına tørt dʒolu
fecha (f) (la ~ de hoy es …)	число	tʃıslo
fecha (f) (~ de entrega)	күн	kyn
calendario (m)	календарь	kalendarʲ
medio año (m)	жарым жыл	dʒarım dʒıl
seis meses	жарым чейрек	dʒarım tʃejrek
estación (f)	мезгил	mezgil
siglo (m)	кылым	kılım

19. La hora. Miscelánea

tiempo (m)	убакыт	ubakıt
momento (m)	учур	utʃur
instante (m)	кез ирмемде	køz irmemde
instantáneo (adj)	кез ирмемде	køz irmemde
lapso (m) de tiempo	убакыттын бир белугу	ubakıttın bir bølygy
vida (f)	жашоо	dʒaʃoo
eternidad (f)	тубелук	tybølyk

época (f)	доор	door
era (f)	заман	zaman
ciclo (m)	мерчим	mertʃim
período (m)	мезгил	mezgil
plazo (m) (~ de tres meses)	меенет	møønøt

futuro (m)	келечек	keletʃek
futuro (adj)	келечек	keletʃek
la próxima vez	кийинки жолу	kijinki dʒolu
pasado (m)	еткен	øtkøn
pasado (adj)	еткен	øtkøn
la última vez	еткенде	øtkøndø

más tarde (adv)	кийнчерээк	kijntʃereek
después	кийин	kijin
actualmente (adv)	азыр, учурда	azır, utʃurda
ahora (adv)	азыр	azır
inmediatamente	тез арада	tez arada
pronto (adv)	жакында	dʒakında
de antemano (adv)	алдын ала	aldın ala

hace mucho tiempo	кеп убакыт мурун	køp ubakıt murun
hace poco (adv)	жакындан бери	dʒakından beri
destino (m)	тагдыр	tagdır
recuerdos (m pl)	эсте калганы	este kalganı
archivo (m)	архив	arχiv

durante ...	... убагында	... ubagında
mucho tiempo (adv)	узак	uzak
poco tiempo (adv)	узак эмес	uzak emes
temprano (adv)	эрте	erte
tarde (adv)	кеч	ketʃ

para siempre (adv)	тубелук	tybølyk
comenzar (vt)	баштоо	baʃtoo
aplazar (vt)	жылдыруу	dʒıldıruu

simultáneamente	бир учурда	bir utʃurda
permanentemente	узгултуксуз	yzgyltyksyz
constante (ruido, etc.)	узгултуксуз	yzgyltyksyz
temporal (adj)	убактылуу	ubaktıluu

a veces (adv)	кедээ	kedee
raramente (adv)	чанда	tʃanda
frecuentemente	кепчулук учурда	køptʃylyk utʃurda

20. Los opuestos

| rico (adj) | бай | baj |
| pobre (adj) | кедей | kedej |

| enfermo (adj) | оорулуу | ooruluu |
| sano (adj) | дени сак | deni sak |

| grande (adj) | чоң | ʧoŋ |
| pequeño (adj) | кичине | kitʃine |

| rápidamente (adv) | тез | tez |
| lentamente (adv) | жай | dʒaj |

| rápido (adj) | тез | tez |
| lento (adj) | жай | dʒaj |

| alegre (adj) | шайыр | ʃajır |
| triste (adj) | муңдуу | muŋduu |

| juntos (adv) | бирге | birge |
| separadamente | өзүнчө | øzynʧø |

| en voz alta | үн чыгарып | yn ʧıgarıp |
| en silencio | үн чыгарбай | yn ʧıgarbaj |

| alto (adj) | бийик | bijik |
| bajo (adj) | жапыз | dʒapız |

| profundo (adj) | терең | tereŋ |
| poco profundo (adj) | тайыз | tajız |

| sí | ооба | ooba |
| no | жок | dʒok |

| lejano (adj) | алыс | alıs |
| cercano (adj) | жакын | dʒakın |

| lejos (adv) | алыс | alıs |
| cerco (adv) | жакын арада | dʒakın arada |

| largo (adj) | узун | uzun |
| corto (adj) | кыска | kıska |

| bueno (de buen corazón) | кайрымдуу | kajrımduu |
| malvado (adj) | каардуу | kaarduu |

| casado (adj) | аялы бар | ajalı bar |
| soltero (adj) | бойдок | bojdok |

| prohibir (vt) | тыюу салуу | tıjuu saluu |
| permitir (vt) | уруксат берүү | uruksat beryy |

| fin (m) | аягы | ajagı |
| principio (m) | башталыш | baʃtalıʃ |

| izquierdo (adj) | сол | sol |
| derecho (adj) | оң | oŋ |

| primero (adj) | биринчи | birintʃi |
| último (adj) | акыркы | akırkı |

| crimen (m) | кылмыш | kılmıʃ |
| castigo (m) | жаза | ʤaza |

| ordenar (vt) | буйрук кылуу | bujruk kıluu |
| obedecer (vi, vt) | баш ийүү | baʃ ijyy |

| recto (adj) | түз | tyz |
| curvo (adj) | кыйшак | kıjʃak |

| paraíso (m) | бейиш | bejiʃ |
| infierno (m) | тозок | tozok |

| nacer (vi) | төрөлүү | tørølyy |
| morir (vi) | өлүү | ølyy |

| fuerte (adj) | күчтүү | kytʃtyy |
| débil (adj) | алсыз | alsız |

| viejo (adj) | эски | eski |
| joven (adj) | жаш | ʤaʃ |

| viejo (adj) | эски | eski |
| nuevo (adj) | жаңы | ʤaŋı |

| duro (adj) | катуу | katuu |
| blando (adj) | жумшак | ʤumʃak |

| tibio (adj) | жылуу | ʤıluu |
| frío (adj) | муздак | muzdak |

| gordo (adj) | семиз | semiz |
| delgado (adj) | арык | arık |

| estrecho (adj) | тар | tar |
| ancho (adj) | кең | keŋ |

| bueno (adj) | жакшы | ʤakʃı |
| malo (adj) | жаман | ʤaman |

| valiente (adj) | кайраттуу | kajrattuu |
| cobarde (adj) | суу жүрөк | suu ʤyrøk |

21. Las líneas y las formas

cuadrado (m)	чарчы	tʃartʃı
cuadrado (adj)	чарчы	tʃartʃı
círculo (m)	тегерек	tegerek
redondo (adj)	тегерек	tegerek

triángulo (m)	үч бурчтук	ytʃ burtʃtuk
triangular (adj)	үч бурчтуу	ytʃ burtʃtuu
óvalo (m)	жумуру	dʒumuru
oval (adj)	жумуру	dʒumuru
rectángulo (m)	тик бурчтук	tik burtʃtuk
rectangular (adj)	тик бурчтуу	tik burtʃtuu
pirámide (f)	пирамида	piramida
rombo (m)	ромб	romb
trapecio (m)	трапеция	trapetsija
cubo (m)	куб	kub
prisma (m)	призма	prizma
circunferencia (f)	айлана	ajlana
esfera (f)	сфера	sfera
globo (m)	шар	ʃar
diámetro (m)	диаметр	diametr
radio (f)	радиус	radius
perímetro (m)	периметр	perimetr
centro (m)	борбор	borbor
horizontal (adj)	туурасынан	tuurasınan
vertical (adj)	тикесинен	tikesinen
paralela (f)	параллель	parallelʲ
paralelo (adj)	параллель	parallelʲ
línea (f)	сызык	sızık
trazo (m)	сызык	sızık
recta (f)	түз сызык	tyz sızık
curva (f)	кыйшык сызык	kıjʃık sızık
fino (la ~a línea)	ичке	itʃke
contorno (m)	караан	karaan
intersección (f)	кесилиш	kesiliʃ
ángulo (m) recto	тик бурч	tik burtʃ
segmento (m)	сегмент	segment
sector (m)	сектор	sektor
lado (m)	каптал	kaptal
ángulo (m)	бурч	burtʃ

22. Las unidades de medida

peso (m)	салмак	salmak
longitud (f)	узундук	uzunduk
anchura (f)	жазылык	dʒazılık
altura (f)	бийиктик	bijiktik
profundidad (f)	терендик	tereŋdik
volumen (m)	көлөм	køløm
área (f)	аянт	ajant
gramo (m)	грамм	gramm
miligramo (m)	миллиграмм	milligramm

kilogramo (m)	килограмм	kilogramm
tonelada (f)	тонна	tonna
libra (f)	фунт	funt
onza (f)	унция	untsija
metro (m)	метр	metr
milímetro (m)	миллиметр	millimetr
centímetro (m)	сантиметр	santimetr
kilómetro (m)	километр	kilometr
milla (f)	миля	milʲa
pulgada (f)	дюйм	düjm
pie (m)	фут	fut
yarda (f)	ярд	jard
metro (m) cuadrado	квадраттык метр	kvadrattık metr
hectárea (f)	гектар	gektar
litro (m)	литр	litr
grado (m)	градус	gradus
voltio (m)	вольт	volʲt
amperio (m)	ампер	amper
caballo (m) de fuerza	ат күчү	at kytʃy
cantidad (f)	саны	sanı
un poco de …	… бир аз	… bir az
mitad (f)	жарым	dʒarım
docena (f)	он эки даана	on eki daana
pieza (f)	даана	daana
dimensión (f)	чоңдук	tʃoŋduk
escala (f) (del mapa)	өлчөмчен	øltʃømtʃen
mínimo (adj)	минималдуу	minimalduu
el más pequeño (adj)	эң кичинекей	eŋ kitʃinekej
medio (adj)	орточо	ortotʃo
máximo (adj)	максималдуу	maksimalduu
el más grande (adj)	эң чоң	eŋ tʃoŋ

23. Contenedores

tarro (m) de vidrio	банка	banka
lata (f) de hojalata	банка	banka
cubo (m)	чака	tʃaka
barril (m)	бочка	botʃka
palangana (f)	дагара	dagara
tanque (m)	бак	bak
petaca (f) (de alcohol)	фляжка	flʲadʒka
bidón (m) de gasolina	канистра	kanistra
cisterna (f)	цистерна	tsısterna
taza (f) (mug de cerámica)	кружка	krudʒka
taza (f) (~ de café)	чейчек	tʃøjtʃøk

platillo (m)	табак	tabak
vaso (m) (~ de agua)	ыстакан	ıstakan
copa (f) (~ de vino)	бокал	bokal
olla (f)	мискей	miskej
botella (f)	бөтөлкө	bøtølkø
cuello (m) de botella	оозу	oozu
garrafa (f)	графин	grafin
jarro (m) (~ de agua)	кумура	kumura
recipiente (m)	идиш	idiʃ
tarro (m)	карапа	karapa
florero (m)	ваза	vaza
frasco (m) (~ de perfume)	флакон	flakon
frasquito (m)	кичине бөтөлкө	kitʃine bøtølkø
tubo (m)	тюбик	tʉbik
saco (m) (~ de azúcar)	кап	kap
bolsa (f) (~ plástica)	пакет	paket
paquete (m) (~ de cigarrillos)	пачке	patʃke
caja (f)	куту	kutu
cajón (m) (~ de madera)	үкөк	ykøk
cesta (f)	себет	sebet

24. Materiales

material (f)	материал	material
madera (f)	жыгач	dʒıgatʃ
de madera (adj)	жыгач	dʒıgatʃ
vidrio (m)	айнек	ajnek
de vidrio (adj)	айнек	ajnek
piedra (f)	таш	taʃ
de piedra (adj)	таш	taʃ
plástico (m)	пластик	plastik
de plástico (adj)	пластик	plastik
goma (f)	резина	rezina
de goma (adj)	резина	rezina
tela (m)	кездеме	kezdeme
de tela (adj)	кездеме	kezdeme
papel (m)	кагаз	kagaz
de papel (adj)	кагаз	kagaz
cartón (m)	картон	karton
de cartón (adj)	картон	karton
polietileno (m)	полиэтилен	polietilen
celofán (m)	целлофан	tsellofan

| linóleo (m) | линолеум | linoleum |
| contrachapado (m) | фанера | fanera |

porcelana (f)	фарфор	farfor
de porcelana (adj)	фарфор	farfor
arcilla (f), barro (m)	чопо	tʃopo
de barro (adj)	чопо	tʃopo
cerámica (f)	карапа	karapa
de cerámica (adj)	карапа	karapa

25. Los metales

metal (m)	металл	metall
metálico (adj)	металл	metall
aleación (f)	эритме	eritme

oro (m)	алтын	altın
de oro (adj)	алтын	altın
plata (f)	күмүш	kymyʃ
de plata (adj)	күмүш	kymyʃ

hierro (m)	темир	temir
de hierro (adj)	темир	temir
acero (m)	болот	bolot
de acero (adj)	болот	bolot
cobre (m)	жез	dʒez
de cobre (adj)	жез	dʒez

aluminio (m)	алюминий	alɯminij
de aluminio (adj)	алюминий	alɯminij
bronce (m)	коло	kolo
de bronce (adj)	коло	kolo

latón (m)	латунь	latunʲ
níquel (m)	никель	nikelʲ
platino (m)	платина	platina
mercurio (m)	сымап	sımap
estaño (m)	калай	kalaj
plomo (m)	коргошун	korgoʃun
zinc (m)	цинк	tsınk

EL SER HUMANO

El ser humano. El cuerpo

26. El ser humano. Conceptos básicos

ser (m) humano	адам	adam
hombre (m) (varón)	эркек	erkek
mujer (f)	аял	ajal
niño -a (m, f)	бала	bala
niña (f)	кыз бала	kız bala
niño (m)	бала	bala
adolescente (m)	өспүрүм	øspyrym
viejo, anciano (m)	абышка	abıʃka
vieja, anciana (f)	кемпир	kempir

27. La anatomía humana

organismo (m)	организм	organizm
corazón (m)	жүрөк	dʒyrøk
sangre (f)	кан	kan
arteria (f)	артерия	arterija
vena (f)	вена	vena
cerebro (m)	мээ	mee
nervio (m)	нерв	nerv
nervios (m pl)	нервдер	nervder
vértebra (f)	омуртка	omurtka
columna (f) vertebral	кыр арка	kır arka
estómago (m)	ашказан	aʃkazan
intestinos (m pl)	ичеги-карын	itʃegi-karın
intestino (m)	ичеги	itʃegi
hígado (m)	боор	boor
riñón (m)	бөйрөк	bøjrøk
hueso (m)	сөөк	søøk
esqueleto (m)	скелет	skelet
costilla (f)	кабырга	kabırga
cráneo (m)	баш сөөгү	baʃ søøgy
músculo (m)	булчуң	bultʃuŋ
bíceps (m)	бицепс	bitseps
tríceps (m)	трицепс	tritseps
tendón (m)	тарамыш	taramıʃ
articulación (f)	муундар	muundar

pulmones (m pl)	өпкө	øpkø
genitales (m pl)	жан жер	dʒan dʒer
piel (f)	тери	teri

28. La cabeza

cabeza (f)	баш	baʃ
cara (f)	бет	bet
nariz (f)	мурун	murun
boca (f)	ооз	ooz

ojo (m)	көз	køz
ojos (m pl)	көздөр	køzdør
pupila (f)	карек	karek
ceja (f)	каш	kaʃ
pestaña (f)	кирпик	kirpik
párpado (m)	кабак	kabak

lengua (f)	тил	til
diente (m)	тиш	tiʃ
labios (m pl)	эриндер	erinder
pómulos (m pl)	бет сөөгү	bet søøgy
encía (f)	тиш эти	tiʃ eti
paladar (m)	таңдай	taŋdaj

ventanas (f pl)	мурун тешиги	murun teʃigi
mentón (m)	ээк	eek
mandíbula (f)	жаак	dʒaak
mejilla (f)	бет	bet

frente (f)	чеке	tʃeke
sien (f)	чыкый	tʃɪkɪj
oreja (f)	кулак	kulak
nuca (f)	желке	dʒelke
cuello (m)	моюн	mojʉn
garganta (f)	тамак	tamak

pelo, cabello (m)	чач	tʃatʃ
peinado (m)	чач жасоо	tʃatʃ dʒasoo
corte (m) de pelo	чач кыркуу	tʃatʃ kɪrkuu
peluca (f)	парик	parik

bigote (m)	мурут	murut
barba (f)	сакал	sakal
tener (~ la barba)	мурут коюу	murut kojʉu
trenza (f)	өрүм чач	ørym tʃatʃ
patillas (f pl)	бакенбарда	bakenbarda

pelirrojo (adj)	сары	sarɪ
gris, canoso (adj)	ак чачтуу	ak tʃatʃtuu
calvo (adj)	таз	taz
calva (f)	кашка	kaʃka
cola (f) de caballo	куйрук	kujruk
flequillo (m)	көкүл	køkyl

29. El cuerpo

mano (f)	беш манжа	beʃ mandʒa
brazo (m)	кол	kol
dedo (m)	манжа	mandʒa
dedo (m) del pie	манжа	mandʒa
dedo (m) pulgar	бармак	barmak
dedo (m) meñique	чыпалак	ʧɪpalak
uña (f)	тырмак	tırmak
puño (m)	муштум	muʃtum
palma (f)	алакан	alakan
muñeca (f)	билек	bilek
antebrazo (m)	каруу	karuu
codo (m)	чыканак	ʧɪkanak
hombro (m)	ийин	ijin
pierna (f)	бут	but
planta (f)	таман	taman
rodilla (f)	тизе	tize
pantorrilla (f)	балтыр	baltır
cadera (f)	сан	san
talón (m)	согончок	sogonʧok
cuerpo (m)	дене	dene
vientre (m)	курсак	kursak
pecho (m)	төш	tøʃ
seno (m)	эмчек	emʧek
lado (m), costado (m)	каптал	kaptal
espalda (f)	арка жон	arka dʒon
zona (f) lumbar	бел	bel
cintura (f), talle (m)	бел	bel
ombligo (m)	киндик	kindik
nalgas (f pl)	жамбаш	dʒambaʃ
trasero (m)	көчүк	køʧyk
lunar (m)	мең	meŋ
marca (f) de nacimiento	кал	kal
tatuaje (m)	татуировка	tatuirovka
cicatriz (f)	тырык	tırık

La ropa y los accesorios

30. La ropa exterior. Los abrigos

ropa (f), vestido (m)	кийим	kijim
ropa (f) de calle	үстүнкү кийим	ystyŋky kijim
ropa (f) de invierno	кышкы кийим	kıʃkı kijim
abrigo (m)	пальто	palʲto
abrigo (m) de piel	тон	ton
abrigo (m) corto de piel	чолок тон	tʃolok ton
plumón (m)	мамык олпок	mamık olpok
cazadora (f)	күрмө	kyrmø
impermeable (m)	плащ	plaʃtʃ
impermeable (adj)	суу өткүс	suu øtkys

31. Ropa de hombre y mujer

camisa (f)	көйнөк	køjnøk
pantalones (m pl)	шым	ʃım
jeans, vaqueros (m pl)	джинсы	dʒinsı
chaqueta (f), saco (m)	бешмант	beʃmant
traje (m)	костюм	kostʉm
vestido (m)	көйнөк	køjnøk
falda (f)	юбка	jʉbka
blusa (f)	блузка	bluzka
rebeca (f), chaqueta (f) de punto	кофта	kofta
chaqueta (f)	кыска бешмант	kıska beʃmant
camiseta (f) (T-shirt)	футболка	futbolka
shorts (m pl)	чолок шым	tʃolok ʃım
traje (m) deportivo	спорт кийими	sport kijimi
bata (f) de baño	халат	χalat
pijama (f)	пижама	pidʒama
jersey (m), suéter (m)	свитер	sviter
pulóver (m)	пуловер	pulover
chaleco (m)	жилет	dʒilet
frac (m)	фрак	frak
esmoquin (m)	смокинг	smoking
uniforme (m)	форма	forma
ropa (f) de trabajo	жумуш кийим	dʒumuʃ kijim
mono (m)	комбинезон	kombinezon
bata (f) (p. ej. ~ blanca)	халат	χalat

32. La ropa. La ropa interior

ropa (f) interior	ич кийим	itʃ kijim
bóxer (m)	эркектер чолок дамбалы	erkekter tʃolok dambalı
bragas (f pl)	аялдар трусиги	ajaldar trusigi
camiseta (f) interior	майка	majka
calcetines (m pl)	байпак	bajpak
camisón (m)	жатаарда кийүүчү көйнөк	dʒataarda kijyytʃy køjnøk
sostén (m)	бюстгальтер	bʉstgalʲter
calcetines (m pl) altos	гольфы	golʲfı
pantimedias (f pl)	колготки	kolgotki
medias (f pl)	байпак	bajpak
traje (m) de baño	купальник	kupalʲnik

33. Gorras

gorro (m)	топу	topu
sombrero (m) de fieltro	шляпа	ʃlʲapa
gorra (f) de béisbol	бейсболка	bejsbolka
gorra (f) plana	кепка	kepka
boina (f)	берет	beret
capuchón (m)	капюшон	kapʉʃon
panamá (m)	панамка	panamka
gorro (m) de punto	токулган шапка	tokulgan ʃapka
pañuelo (m)	жоолук	dʒooluk
sombrero (m) de mujer	шляпа	ʃlʲapa
casco (m) (~ protector)	каска	kaska
gorro (m) de campaña	пилотка	pilotka
casco (m) (~ de moto)	шлем	ʃlem
bombín (m)	котелок	kotelok
sombrero (m) de copa	цилиндр	tsılindr

34. El calzado

calzado (m)	бут кийим	but kijim
botas (f pl)	ботинка	botinka
zapatos (m pl) (~ de tacón bajo)	туфли	tufli
botas (f pl) altas	өтүк	øtyk
zapatillas (f pl)	тапочка	tapotʃka
tenis (m pl)	кроссовка	krossovka
zapatillas (f pl) de lona	кеды	kedı
sandalias (f pl)	сандалии	sandalii
zapatero (m)	өтүкчү	øtyktʃy
tacón (m)	така	taka

par (m)	түгөй	tygøj
cordón (m)	боо	boo
encordonar (vt)	боолоо	booloo
calzador (m)	кашык	kaʃık
betún (m)	өтүк май	øtyk maj

35. Los textiles. Las telas

algodón (m)	пахта	paχta
de algodón (adj)	пахтадан	paχtadan
lino (m)	зыгыр	zıgır
de lino (adj)	зыгырдан	zıgırdan

seda (f)	жибек	dʒibek
de seda (adj)	жибек	dʒibek
lana (f)	жүн	dʒyn
de lana (adj)	жүндөн	dʒyndøn

terciopelo (m)	баркыт	barkıt
gamuza (f)	күдөрү	kydøry
pana (f)	чий баркыт	tʃij barkıt

nilón (m)	нейлон	nejlon
de nilón (adj)	нейлон	nejlon
poliéster (m)	полиэстер	poliester
de poliéster (adj)	полиэстер	poliester

piel (f) (cuero)	булгаары	bulgaarı
de piel (de cuero)	булгаары	bulgaarı
piel (f) (~ de zorro, etc.)	тери	teri
de piel (abrigo ~)	тери	teri

36. Accesorios personales

guantes (m pl)	колкап	kolkap
manoplas (f pl)	мээлей	meelej
bufanda (f)	моюн орогуч	mojʉn orogutʃ

gafas (f pl)	көз айнек	køz ajnek
montura (f)	алкак	alkak
paraguas (m)	чатырча	tʃatırtʃa
bastón (m)	аса таяк	asa tajak
cepillo (m) de pelo	тарак	tarak
abanico (m)	желпингич	dʒelpingitʃ

corbata (f)	галстук	galstuk
pajarita (f)	галстук-бабочка	galstuk-babotʃka
tirantes (m pl)	шым тарткыч	ʃım tartkıtʃ
moquero (m)	бетаарчы	betaartʃı

| peine (m) | тарак | tarak |
| pasador (m) de pelo | чачсайгы | tʃatʃsajgı |

| horquilla (f) | шпилька | ʃpilʲka |
| hebilla (f) | таралга | taralga |

| cinturón (m) | кайыш кур | kajıʃ kur |
| correa (f) (de bolso) | илгич | ilgitʃ |

bolsa (f)	колбаштык	kolbaʃtık
bolso (m)	кичине колбаштык	kitʃine kolbaʃtık
mochila (f)	жонбаштык	dʒonbaʃtık

37. La ropa. Miscelánea

moda (f)	мода	moda
de moda (adj)	саркеч	sarketʃ
diseñador (m) de moda	модельер	modeljer

cuello (m)	жака	dʒaka
bolsillo (m)	чөнтөк	tʃøntøk
de bolsillo (adj)	чөнтөк	tʃøntøk
manga (f)	жең	dʒeŋ
presilla (f)	илгич	ilgitʃ
bragueta (f)	ширинка	ʃirinka

cremallera (f)	молния	molnija
cierre (m)	топчулук	toptʃuluk
botón (m)	топчу	toptʃu
ojal (m)	илмек	ilmøk
saltar (un botón)	үзүлүү	yzylyy

coser (vi, vt)	тигүү	tigyy
bordar (vt)	сайма саюу	sajma sajuu
bordado (m)	сайма	sajma
aguja (f)	ийне	ijne
hilo (m)	жип	dʒip
costura (f)	тигиш	tigiʃ

ensuciarse (vr)	булгап алуу	bulgap aluu
mancha (f)	так	tak
arrugarse (vr)	бырышып калуу	bırıʃıp kaluu
rasgar (vt)	айрылуу	ajrıluu
polilla (f)	күбө	kybø

38. Productos personales. Cosméticos

pasta (f) de dientes	тиш пастасы	tiʃ pastası
cepillo (m) de dientes	тиш щёткасы	tiʃ ʃtʃotkası
limpiarse los dientes	тиш жуу	tiʃ dʒuu

maquinilla (f) de afeitar	устара	ustara
crema (f) de afeitar	кырынуу үчүн көбүк	kırınuu ytʃyn købyk
afeitarse (vr)	кырынуу	kırınuu
jabón (m)	самын	samın

champú (m)	шампунь	ʃampunʲ
tijeras (f pl)	кайчы	kajtʃı
lima (f) de uñas	тырмак өгөө	tırmak øgøø
cortaúñas (m pl)	тырмак кычкачы	tırmak kıtʃkatʃı
pinzas (f pl)	искек	iskek

cosméticos (m pl)	упа-эндик	upa-endik
mascarilla (f)	маска	maska
manicura (f)	маникюр	manikʉr
hacer la manicura	маникюр жасоо	manikdʒʉr dʒasoo
pedicura (f)	педикюр	pedikʉr

neceser (m) de maquillaje	косметичка	kosmetitʃka
polvos (m pl)	упа	upa
polvera (f)	упа кутусу	upa kutusu
colorete (m), rubor (m)	эндик	endik

perfume (m)	атыр	atır
agua (f) perfumada	туалет атыр суусу	tualet atır suusu
loción (f)	лосьон	losʲon
agua (f) de colonia	одеколон	odekolon

sombra (f) de ojos	көз боёгу	køz bojogu
lápiz (m) de ojos	көз карандашы	køz karandaʃı
rímel (m)	кирпик үчүн боек	kirpik ytʃyn boek

pintalabios (m)	эрин помадасы	erin pomadası
esmalte (m) de uñas	тырмак үчүн лак	tırmak ytʃyn lak
fijador (m) (para el pelo)	чач үчүн лак	tʃatʃ ytʃyn lak
desodorante (m)	дезодорант	dezodorant

crema (f)	крем	krem
crema (f) de belleza	бетмай	betmaj
crema (f) de manos	кол үчүн май	kol ytʃyn maj
crema (f) antiarrugas	бырыштарга каршы бет май	bırıʃtarga karʃı bet maj

crema (f) de día	күндүзгү бет май	kyndyzgy bet maj
crema (f) de noche	түнкү бет май	tynky bet maj
de día (adj)	күндүзгү	kyndyzgy
de noche (adj)	түнкү	tynky

tampón (m)	тампон	tampon
papel (m) higiénico	даарат кагазы	daarat kagazı
secador (m) de pelo	фен	fen

39. Las joyas

joyas (f pl)	зер буюмдар	zer bujʉmdar
precioso (adj)	баалуу	baaluu
contraste (m)	проба	proba

anillo (m)	шакек	ʃakek
anillo (m) de boda	нике шакеги	nike ʃakegi
pulsera (f)	билерик	bilerik

pendientes (m pl)	сөйкө	søjkø
collar (m) (~ de perlas)	шуру	ʃuru
corona (f)	таажы	taadʒı
collar (m) de abalorios	мончок	montʃok

diamante (m)	бриллиант	brilliant
esmeralda (f)	зымырыт	zımırıt
rubí (m)	лаал	laal
zafiro (m)	сапфир	sapfir
perla (f)	бермет	bermet
ámbar (m)	янтарь	jantarʲ

40. Los relojes

reloj (m)	кол саат	kol saat
esfera (f)	циферблат	ʦıferblat
aguja (f)	жебе	dʒebe
pulsera (f)	браслет	braslet
correa (f) (del reloj)	кайыш кур	kajıʃ kur

pila (f)	батарейка	batarejka
descargarse (vr)	зарядканын түгөнүүсү	zarʲadkanın tygønyysy
cambiar la pila	батарейка алмаштыруу	batarejka almaʃtıruu
adelantarse (vr)	алдыга кетүү	aldıga ketyy
retrasarse (vr)	калуу	kaluu

reloj (m) de pared	дубалга тагуучу саат	dubalga taguutʃu saat
reloj (m) de arena	кум саат	kum saat
reloj (m) de sol	күн саат	kyn saat
despertador (m)	ойготкуч саат	ojgotkutʃ saat
relojero (m)	саат устасы	saat ustası
reparar (vt)	оңдоо	oŋdoo

La comida y la nutrición

41. La comida

carne (f)	эт	et
gallina (f)	тоок	took
pollo (m)	балапан	balapan
pato (m)	өрдөк	ørdøk
ganso (m)	каз	kaz
caza (f) menor	илбээсин	ilbeesin
pava (f)	күрп	kyrp
carne (f) de cerdo	чочко эти	tʃotʃko eti
carne (f) de ternera	торпок эти	torpok eti
carne (f) de carnero	кой эти	koj eti
carne (f) de vaca	уй эти	uj eti
conejo (m)	коен	koen
salchichón (m)	колбаса	kolbasa
salchicha (f)	сосиска	sosiska
beicon (m)	бекон	bekon
jamón (m)	ветчина	vettʃina
jamón (m) fresco	сан эт	san et
paté (m)	паштет	paʃtet
hígado (m)	боор	boor
carne (f) picada	фарш	farʃ
lengua (f)	тил	til
huevo (m)	жумуртка	dʒumurtka
huevos (m pl)	жумурткалар	dʒumurtkalar
clara (f)	жумурттанын агы	dʒumurtkanın agı
yema (f)	жумурттанын сарысы	dʒumurtkanın sarısı
pescado (m)	балык	balık
mariscos (m pl)	деңиз азыктары	deŋiz azıktarı
crustáceos (m pl)	рак сыяктуулар	rak sıjaktuular
caviar (m)	урук	uruk
cangrejo (m) de mar	краб	krab
camarón (m)	креветка	krevetka
ostra (f)	устрица	ustritsa
langosta (f)	лангуст	langust
pulpo (m)	сегиз бут	segiz but
calamar (m)	кальмар	kalʲmar
esturión (m)	осетрина	osetrina
salmón (m)	лосось	lososʲ
fletán (m)	палтус	paltus
bacalao (m)	треска	treska

caballa (f)	скумбрия	skumbrija
atún (m)	тунец	tunets
anguila (f)	угорь	ugorʲ
trucha (f)	форель	forelʲ
sardina (f)	сардина	sardina
lucio (m)	чортон	tʃorton
arenque (m)	сельдь	selʲdʲ
pan (m)	нан	nan
queso (m)	сыр	sır
azúcar (m)	кум шекер	kum-ʃeker
sal (f)	туз	tuz
arroz (m)	күрүч	kyrytʃ
macarrones (m pl)	макарон	makaron
tallarines (m pl)	кесме	kesme
mantequilla (f)	ак май	ak maj
aceite (m) vegetal	өсүмдүк майы	øsymdyk majı
aceite (m) de girasol	күн карама майы	kyn karama majı
margarina (f)	маргарин	margarin
olivas (f pl)	зайтун	zajtun
aceite (m) de oliva	зайтун майы	zajtun majı
leche (f)	сүт	syt
leche (f) condensada	коютулган сүт	kojʉtulgan syt
yogur (m)	йогурт	jogurt
nata (f) agria	сметана	smetana
nata (f) líquida	каймак	kajmak
mayonesa (f)	майонез	majonez
crema (f) de mantequilla	крем	krem
cereal molido grueso	акшак	akʃak
harina (f)	ун	un
conservas (f pl)	консерва	konserva
copos (m pl) de maíz	жарылган жүгөрү	dʒarılgan dʒygøry
miel (f)	бал	bal
confitura (f)	джем, конфитюр	dʒem, konfitʉr
chicle (m)	сагыз	sagız

42. Las bebidas

agua (f)	суу	suu
agua (f) potable	ичүүчү суу	itʃyytʃy suu
agua (f) mineral	минерал суусу	mineral suusu
sin gas	газсыз	gazsız
gaseoso (adj)	газдалган	gazdalgan
con gas	газы менен	gazı menen
hielo (m)	муз	muz

con hielo	музу менен	muzu menen
sin alcohol	алкоголсуз	alkogolsuz
bebida (f) sin alcohol	алкоголсуз ичимдик	alkogolsuz itʃimdik
refresco (m)	суусундук	suusunduk
limonada (f)	лимонад	limonad

bebidas (f pl) alcohólicas	спирт ичимдиктери	spirt itʃimdikteri
vino (m)	шарап	ʃarap
vino (m) blanco	ак шарап	ak ʃarap
vino (m) tinto	кызыл шарап	kızıl ʃarap

licor (m)	ликёр	likʲor
champaña (f)	шампан	ʃampan
vermú (m)	вермут	vermut

whisky (m)	виски	viski
vodka (m)	арак	arak
ginebra (f)	джин	dʒin
coñac (m)	коньяк	konjak
ron (m)	ром	rom

café (m)	кофе	kofe
café (m) solo	кара кофе	kara kofe
café (m) con leche	сүттөлгөн кофе	syttølgøn kofe
capuchino (m)	капучино	kaputʃino
café (m) soluble	эрүүчү кофе	eryytʃy kofe

leche (f)	сүт	syt
cóctel (m)	коктейль	koktejlʲ
batido (m)	сүт коктейли	syt koktejli

zumo (m), jugo (m)	шире	ʃire
jugo (m) de tomate	томат ширеси	tomat ʃiresi
zumo (m) de naranja	апельсин ширеси	apelʲsin ʃiresi
zumo (m) fresco	түз сыгылып алынган шире	tyz sıgılıp alıngan ʃire

cerveza (f)	сыра	sıra
cerveza (f) rubia	ачык сыра	atʃık sıra
cerveza (f) negra	коңур сыра	koŋur sıra

té (m)	чай	tʃaj
té (m) negro	кара чай	kara tʃaj
té (m) verde	жашыл чай	dʒaʃıl tʃaj

43. Las verduras

legumbres (f pl)	жашылча	dʒaʃıltʃa
verduras (f pl)	көк чөп	køk tʃøp

tomate (m)	помидор	pomidor
pepino (m)	бадыраң	badıraŋ
zanahoria (f)	сабиз	sabiz
patata (f)	картошка	kartoʃka

cebolla (f)	пияз	pijaz
ajo (m)	сарымсак	sarımsak
col (f)	капуста	kapusta
coliflor (f)	гүлдүү капуста	gyldyy kapusta
col (f) de Bruselas	брюссель капустасы	brusselⁱ kapustası
brócoli (m)	брокколи капустасы	brokkoli kapustası
remolacha (f)	кызылча	kızılʧa
berenjena (f)	баклажан	bakladʒan
calabacín (m)	кабачок	kabatʃok
calabaza (f)	ашкабак	aʃkabak
nabo (m)	шалгам	ʃalgam
perejil (m)	петрушка	petruʃka
eneldo (m)	укроп	ukrop
lechuga (f)	салат	salat
apio (m)	сельдерей	selⁱderej
espárrago (m)	спаржа	spardʒa
espinaca (f)	шпинат	ʃpinat
guisante (m)	нокот	nokot
habas (f pl)	буурчак	buurʧak
maíz (m)	жүгөрү	dʒygøry
fréjol (m)	төө буурчак	tøø buurʧak
pimentón (m)	таттуу перец	tattuu perets
rábano (m)	шалгам	ʃalgam
alcachofa (f)	артишок	artiʃok

44. Las frutas. Las nueces

fruto (m)	мөмө	mømø
manzana (f)	алма	alma
pera (f)	алмурут	almurut
limón (m)	лимон	limon
naranja (f)	апельсин	apelⁱsin
fresa (f)	кулпунай	kulpunaj
mandarina (f)	мандарин	mandarin
ciruela (f)	кара өрүк	kara øryk
melocotón (m)	шабдаалы	ʃabdaalı
albaricoque (m)	өрүк	øryk
frambuesa (f)	дан куурай	dan kuuraj
ananás (m)	ананас	ananas
banana (f)	банан	banan
sandía (f)	арбуз	arbuz
uva (f)	жүзүм	dʒyzym
guinda (f)	алча	alʧa
cereza (f)	гилас	gilas
melón (m)	коон	koon
pomelo (m)	грейпфрут	grejpfrut
aguacate (m)	авокадо	avokado

papaya (m)	папайя	papaja
mango (m)	манго	mango
granada (f)	анар	anar

grosella (f) roja	кызыл карагат	kızıl karagat
grosella (f) negra	кара карагат	kara karagat
grosella (f) espinosa	крыжовник	krıdʒovnik
arándano (m)	кара моюл	kara mojʉl
zarzamoras (f pl)	кара бүлдүркөн	kara byldyrkøn

pasas (f pl)	мейиз	mejiz
higo (m)	анжир	andʒir
dátil (m)	курма	kurma

cacahuete (m)	арахис	araχis
almendra (f)	бадам	badam
nuez (f)	жаңгак	dʒaŋgak
avellana (f)	токой жаңгагы	tokoj dʒaŋgagı
nuez (f) de coco	кокос жаңгагы	kokos dʒaŋgagı
pistachos (m pl)	мисте	miste

45. El pan. Los dulces

pasteles (m pl)	кондитер азыктары	konditer azıktarı
pan (m)	нан	nan
galletas (f pl)	печенье	petʃenje

chocolate (m)	шоколад	ʃokolad
de chocolate (adj)	шоколаддан	ʃokoladdan
caramelo (m)	конфета	konfeta
tarta (f) (pequeña)	пирожное	pirodʒnoe
tarta (f) (~ de cumpleaños)	торт	tort

| pastel (m) (~ de manzana) | пирог | pirog |
| relleno (m) | начинка | natʃinka |

confitura (f)	кыям	kıjam
mermelada (f)	мармелад	marmelad
gofre (m)	вафли	vafli
helado (m)	бал муздак	bal muzdak
pudín (f)	пудинг	puding

46. Los platos al horno

plato (m)	тамак	tamak
cocina (f)	даам	daam
receta (f)	тамак жасоо ыкмасы	tamak dʒasoo ıkması
porción (f)	порция	portsija

ensalada (f)	салат	salat
sopa (f)	сорпо	sorpo
caldo (m)	ынак сорпо	ınak sorpo

bocadillo (m)	бутерброд	buterbrod
huevos (m pl) fritos	куурулган жумуртка	kuurulgan dʒumurtka
hamburguesa (f)	гамбургер	gamburger
bistec (m)	бифштекс	bifʃteks
guarnición (f)	гарнир	garnir
espagueti (m)	спагетти	spagetti
puré (m) de patatas	эзилген картошка	ezilgen kartoʃka
pizza (f)	пицца	pitsa
gachas (f pl)	ботко	botko
tortilla (f) francesa	омлет	omlet
cocido en agua (adj)	сууга бышырылган	suuga bıʃırılgan
ahumado (adj)	ышталган	ıʃtalgan
frito (adj)	куурулган	kuurulgan
seco (adj)	кургатылган	kurgatılgan
congelado (adj)	тоңдурулган	toŋdurulgan
marinado (adj)	маринаддагы	marinaddagı
azucarado (adj)	таттуу	tattuu
salado (adj)	туздуу	tuzduu
frío (adj)	муздак	muzdak
caliente (adj)	ысык	ısık
amargo (adj)	ачуу	atʃuu
sabroso (adj)	даамдуу	daamduu
cocer en agua	кайнатуу	kajnatuu
preparar (la cena)	тамак бышыруу	tamak bıʃıruu
freír (vt)	кууруу	kuuruu
calentar (vt)	жылытуу	dʒılıtuu
salar (vt)	туздоо	tuzdoo
poner pimienta	калемпир кошуу	kalempir koʃuu
rallar (vt)	сүргүлөө	syrgyløø
piel (f)	сырты	sırtı
pelar (vt)	тазалоо	tazaloo

47. Las especias

sal (f)	туз	tuz
salado (adj)	туздуу	tuzduu
salar (vt)	туздоо	tuzdoo
pimienta (f) negra	кара мурч	kara murtʃ
pimienta (f) roja	кызыл калемпир	kızıl kalempir
mostaza (f)	горчица	gortʃitsa
rábano (m) picante	хрен	χren
condimento (m)	татымал	tatımal
especia (f)	татымал	tatımal
salsa (f)	соус	sous
vinagre (m)	уксус	uksus
anís (m)	анис	anis

albahaca (f)	райхон	rajχon
clavo (m)	гвоздика	gvozdika
jengibre (m)	имбирь	imbirʲ
cilantro (m)	кориандр	koriandr
canela (f)	корица	koritsa

sésamo (m)	кунжут	kundʒut
hoja (f) de laurel	лавр жалбырагы	lavr dʒalbıragı
paprika (f)	паприка	paprika
comino (m)	зира	zira
azafrán (m)	заапаран	zaaparan

48. Las comidas

| comida (f) | тамак | tamak |
| comer (vi, vt) | тамактануу | tamaktanuu |

desayuno (m)	таңкы тамак	taŋkı tamak
desayunar (vi)	эртең менен тамактануу	erteŋ menen tamaktanuu
almuerzo (m)	түшкү тамак	tyʃky tamak
almorzar (vi)	түштөнүү	tyʃtønyy
cena (f)	кечки тамак	ketʃki tamak
cenar (vi)	кечки тамакты ичүү	ketʃki tamaktı itʃyy

| apetito (m) | табит | tabit |
| ¡Que aproveche! | Тамагыңыз таттуу болсун! | tamagıŋız tattuu bolsun! |

abrir (vt)	ачуу	atʃuu
derramar (líquido)	төгүп алуу	tøgyp aluu
derramarse (líquido)	төгүлүү	tøgylyy
hervir (vi)	кайноо	kajnoo
hervir (vt)	кайнатуу	kajnatuu
hervido (agua ~a)	кайнатылган	kajnatılgan
enfriar (vt)	суутуу	suutuu
enfriarse (vr)	сууп туруу	suup turuu

| sabor (m) | даам | daam |
| regusto (m) | даамдануу | daamdanuu |

adelgazar (vi)	арыктоо	arıktoo
dieta (f)	мүнөз тамак	mynøz tamak
vitamina (f)	витамин	vitamin
caloría (f)	калория	kalorija
vegetariano (m)	эттен чанган	etten tʃangan
vegetariano (adj)	этсиз даярдалган	etsiz dajardalgan

grasas (f pl)	майлар	majlar
proteínas (f pl)	белоктор	beloktor
carbohidratos (m pl)	көмүрсуулар	kømyrsuular

loncha (f)	кесим	kesim
pedazo (m)	бөлүк	bølyk
miga (f)	күкүм	kykym

49. Los cubiertos

cuchara (f)	кашык	kaʃık
cuchillo (m)	бычак	bıtʃak
tenedor (m)	вилка	vilka

taza (f)	чөйчөк	tʃøjtʃøk
plato (m)	табак	tabak
platillo (m)	табак	tabak
servilleta (f)	майлык	majlık
mondadientes (m)	тиш чукугуч	tiʃ tʃukugutʃ

50. El restaurante

restaurante (m)	ресторан	restoran
cafetería (f)	кофекана	kofekana
bar (m)	бар	bar
salón (m) de té	чай салону	tʃaj salonu

camarero (m)	официант	ofitsiant
camarera (f)	официант кыз	ofitsiant kız
barman (m)	бармен	barmen

carta (f), menú (m)	меню	menʉ
carta (f) de vinos	шарап картасы	ʃarap kartası
reservar una mesa	столду камдык буйрутмалоо	stoldu kamdık bujrutmaloo

plato (m)	тамак	tamak
pedir (vt)	буйрутма кылуу	bujrutma kıluu
hacer el pedido	буйрутма берүү	bujrutma beryy

aperitivo (m)	аперитив	aperitiv
entremés (m)	ысылык	ısılık
postre (m)	десерт	desert

cuenta (f)	эсеп	esep
pagar la cuenta	эсеп төлөө	esep tøløø
dar la vuelta	майда акчаны кайтаруу	majda aktʃanı kajtaruu
propina (f)	чайпул	tʃajpul

La familia nuclear, los parientes y los amigos

51. La información personal. Los formularios

nombre (m)	аты	atı
apellido (m)	фамилиясы	familijası
fecha (f) de nacimiento	төрөлгөн күнү	tørølgøn kyny
lugar (m) de nacimiento	туулган жери	tuulgan dʒeri
nacionalidad (f)	улуту	ulutu
domicilio (m)	жашаган жери	dʒaʃagan dʒeri
país (m)	өлкө	ølkø
profesión (f)	кесиби	kesibi
sexo (m)	жынысы	dʒınısı
estatura (f)	бою	boju
peso (m)	салмак	salmak

52. Los familiares. Los parientes

madre (f)	эне	ene
padre (m)	ата	ata
hijo (m)	уул	uul
hija (f)	кыз	kız
hija (f) menor	кичүү кыз	kitʃyy kız
hijo (m) menor	кичүү уул	kitʃyy uul
hija (f) mayor	улуу кыз	uluu kız
hijo (m) mayor	улуу уул	uluu uul
hermano (m)	бир тууган	bir tuugan
hermano (m) mayor	байке	bajke
hermano (m) menor	ини	ini
hermana (f)	бир тууган	bir tuugan
hermana (f) mayor	эже	edʒe
hermana (f) menor	синди	siŋdi
primo (m)	атасы же энеси	atası dʒe enesi
	бир тууган	bir tuugan
prima (f)	атасы же энеси	atası dʒe enesi
	бир тууган	bir tuugan
mamá (f)	апа	apa
papá (m)	ата	ata
padres (m pl)	ата-эне	ata-ene
niño -a (m, f)	бала	bala
niños (m pl)	балдар	baldar
abuela (f)	чоң апа	tʃoŋ apa

abuelo (m)	чоӊ ата	tʃoŋ ata
nieto (m)	небере бала	nebere bala
nieta (f)	небере кыз	nebere kɯz
nietos (m pl)	неберелер	nebereler

tío (m)	таяке	tajake
tía (f)	таяже	tajadʒe
sobrino (m)	ини	ini
sobrina (f)	жээн	dʒeen

suegra (f)	кайын эне	kajɯn ene
suegro (m)	кайын ата	kajɯn ata
yerno (m)	күйөө бала	kyjøø bala
madrastra (f)	өгөй эне	øgøj ene
padrastro (m)	өгөй ата	øgøj ata

niño (m) de pecho	эмчектеги бала	emtʃektegi bala
bebé (m)	ымыркай	ɯmɯrkaj
chico (m)	бөбөк	bøbøk

mujer (f)	аял	ajal
marido (m)	эр	er
esposo (m)	күйөө	kyjøø
esposa (f)	зайып	zajɯp

casado (adj)	аялы бар	ajalɯ bar
casada (adj)	күйөөдө	kyjøødø
soltero (adj)	бойдок	bojdok
soltero (m)	бойдок	bojdok
divorciado (adj)	ажырашкан	adʒɯraʃkan
viuda (f)	жесир	dʒesir
viudo (m)	жесир	dʒesir

pariente (m)	тууган	tuugan
pariente (m) cercano	жакын тууган	dʒakɯn tuugan
pariente (m) lejano	алыс тууган	alɯs tuugan
parientes (m pl)	бир тууган	bir tuugan

huérfano (m), huérfana (f)	жетим	dʒetim
tutor (m)	камкорчу	kamkortʃu
adoptar (un niño)	уул кылып асырап алуу	uul kɯlɯp asɯrap aluu
adoptar (una niña)	кыз кылып асырап алуу	kɯz kɯlɯp asɯrap aluu

53. Los amigos. Los compañeros del trabajo

amigo (m)	дос	dos
amiga (f)	курбу	kurbu
amistad (f)	достук	dostuk
ser amigo	достошуу	dostoʃuu

amigote (m)	шерик	ʃerik
amiguete (f)	шерик кыз	ʃerik kɯz
compañero (m)	өнөктөш	ønøktøʃ
jefe (m)	башчы	baʃtʃɯ

superior (m)	башчы	baʃtʃı
propietario (m)	кожоюн	kodʒodʒʉn
subordinado (m)	кол астындагы	kol astındagı
colega (m, f)	кесиптеш	kesipteʃ

conocido (m)	тааныш	taanıʃ
compañero (m) de viaje	жолдош	dʒoldoʃ
condiscípulo (m)	классташ	klasstaʃ

vecino (m)	кошуна	koʃuna
vecina (f)	кошуна	koʃuna
vecinos (m pl)	кошуналар	koʃunalar

54. El hombre. La mujer

mujer (f)	аял	ajal
muchacha (f)	кыз	kız
novia (f)	колукту	koluktu

guapa (adj)	сулуу	suluu
alta (adj)	бою узун	bojʉ uzun
esbelta (adj)	сымбаттуу	sımbattuu
de estatura mediana	орто бойлуу	orto bojluu

| rubia (f) | ак саргыл чачтуу | ak sargıl tʃatʃtuu |
| morena (f) | кара чачтуу | kara tʃatʃtuu |

de señora (adj)	аялдардын	ajaldardın
virgen (f)	эркек көрө элек кыз	erkek kørø elek kız
embarazada (adj)	кош бойлуу	koʃ bojluu

hombre (m) (varón)	эркек	erkek
rubio (m)	ак саргыл чачтуу	ak sargıl tʃatʃtuu
moreno (m)	кара чачтуу	kara tʃatʃtuu
alto (adj)	бийик бойлуу	bijik bojluu
de estatura mediana	орто бойлуу	orto bojluu

grosero (adj)	орой	oroj
rechoncho (adj)	жапалдаш бой	dʒapaldaʃ boj
robusto (adj)	чымыр	tʃımır
fuerte (adj)	күчтүү	kytʃtyy
fuerza (f)	күч	kytʃ

gordo (adj)	толук	toluk
moreno (adj)	кара тору	kara toru
esbelto (adj)	сымбаттуу	sımbattuu
elegante (adj)	жарашып кийинген	dʒaraʃıp kijingen

55. La edad

| edad (f) | жаш | dʒaʃ |
| juventud (f) | жаштык | dʒaʃtık |

joven (adj)	жаш	dʒaʃ
menor (adj)	кичүү	kitʃyy
mayor (adj)	улуу	uluu
joven (m)	улан	ulan
adolescente (m)	өспүрүм	øspyrym
muchacho (m)	жигит	dʒigit
anciano (m)	абышка	abɪʃka
anciana (f)	кемпир	kempir
adulto	чоң киши	tʃoŋ kiʃi
de edad media (adj)	орто жаш	orto dʒaʃ
de edad, anciano (adj)	жашап калган	dʒaʃap kalgan
viejo (adj)	картаң	kartaŋ
jubilación (f)	бааракы	baarakɪ
jubilarse	ардактуу эс алууга чыгуу	ardaktuu es aluuga tʃɪguu
jubilado (m)	баargер	baarger

56. Los niños

niño -a (m, f)	бала	bala
niños (m pl)	балдар	baldar
gemelos (m pl)	эгиздер	egizder
cuna (f)	бешик	beʃik
sonajero (m)	шырылдак	ʃɪrɪldak
pañal (m)	жалаяк	dʒalajak
chupete (m)	упчу	uptʃu
cochecito (m)	бешик араба	beʃik araba
jardín (m) de infancia	бала бакча	bala baktʃa
niñera (f)	бала баккыч	bala bakkɪtʃ
infancia (f)	балалык	balalɪk
muñeca (f)	куурчак	kuurtʃak
juguete (m)	оюнчук	ojʉntʃuk
mecano (m)	конструктор	konstruktor
bien criado (adj)	тарбия көргөн	tarbija kørgøn
malcriado (adj)	жетесиз	dʒetesiz
mimado (adj)	эрке	erke
hacer travesuras	тентектик кылуу	tentektik kɪluu
travieso (adj)	тентек	tentek
travesura (f)	шоктук, тентектик	ʃoktuk, tentektik
travieso (m)	тентек	tentek
obediente (adj)	элпек	elpek
desobediente (adj)	тил албас	til albas
dócil (adj)	зээндүү	zeendyy
inteligente (adj)	акылдуу	akɪlduu
niño (m) prodigio	вундеркинд	vunderkind

57. Los matrimonios. La vida familiar

besar (vt)	өбүү	øbyy
besarse (vi)	өбүшүү	øbyʃyy
familia (f)	үй-бүлө	yj-bylø
familiar (adj)	үй-бүлөлүү	yj-bylølyy
pareja (f)	эрди-катын	erdi-katın
matrimonio (m)	нике	nike
hogar (m) familiar	үй очогу	yj otʃogu
dinastía (f)	династия	dinastija

| cita (f) | жолугушуу | dʒoluguʃuu |
| beso (m) | өбүү | øbyy |

amor (m)	сүйүү	syjyy
querer (amar)	сүйүү	syjyy
querido (adj)	жакшы көргөн	dʒakʃı kørgøn

ternura (f)	назиктик	naziktik
tierno (afectuoso)	назик	nazik
fidelidad (f)	берилгендик	berilgendik
fiel (adj)	ишенимдүү	iʃenimdyy
cuidado (m)	кам көрүү	kam køryy
cariñoso (un padre ~)	камкор	kamkor

recién casados (pl)	жаңы үйлөнүшкөндөр	dʒaŋı yjlønyʃkøndør
luna (f) de miel	таттуулашуу	tattuulaʃuu
estar casada	күйөөгө чыгуу	kyjøøgø tʃıguu
casarse (con una mujer)	аял алуу	ajal aluu

boda (f)	үйлөнүү той	yjlønyy toy
bodas (f pl) de oro	алтын үлпөт той	altın ylpøt toj
aniversario (m)	жылдык	dʒıldık

| amante (m) | ойнош | ojnoʃ |
| amante (f) | ойнош | ojnoʃ |

adulterio (m)	көзгө чөп салуу	køzgø tʃøp saluu
cometer adulterio	көзгө чөп салуу	køzgø tʃøp saluu
celoso (adj)	кызгануу	kızganuu
tener celos	кызгануу	kızganuu
divorcio (m)	ажырашуу	adʒıraʃuu
divorciarse (vr)	ажырашуу	adʒıraʃuu

reñir (vi)	урушуу	uruʃuu
reconciliarse (vr)	жарашуу	dʒaraʃuu
juntos (adv)	бирге	birge
sexo (m)	жыныстык катнаш	dʒınıstık katnaʃ

felicidad (f)	бакыт	bakıt
feliz (adj)	бактылуу	baktıluu
desgracia (f)	кырсык	kırsık
desgraciado (adj)	бактысыз	baktısız

Las características de personalidad. Los sentimientos

58. Los sentimientos. Las emociones

sentimiento (m)	сезим	sezim
sentimientos (m pl)	сезим	sezim
sentir (vt)	сезүү	sezyy
hambre (f)	ачка болуу	atʃka boluu
tener hambre	ачка болуу	atʃka boluu
sed (f)	чаңкоо	tʃaŋkoo
tener sed	суусап калуу	suusap kaluu
somnolencia (f)	уйкусу келүү	ujkusu kelyy
tener sueño	уйкусу келүү	ujkusu kelyy
cansancio (m)	чарчоо	tʃartʃoo
cansado (adj)	чарчаңкы	tʃartʃaŋkı
estar cansado	чарчоо	tʃartʃoo
humor (m) (de buen ~)	көңүл	køŋyl
aburrimiento (m)	зеригүү	zerigyy
aburrirse (vr)	зеригүү	zerigyy
soledad (f)	элден качуу	elden katʃuu
aislarse (vr)	элден качуу	elden katʃuu
inquietar (vt)	көңүлүн бөлүү	køŋylyn bølyy
inquietarse (vr)	сарсанаа болуу	sarsanaa boluu
inquietud (f)	кабатырлануу	kabatırlanuu
preocupación (f)	чочулоо	tʃotʃuloo
preocupado (adj)	бушайман	buʃajman
estar nervioso	тынчы кетүү	tıntʃı ketyy
darse al pánico	дүрбөлөңгө түшүү	dyrbøløŋgø tyʃyy
esperanza (f)	үмүт	ymyt
esperar (tener esperanza)	үмүттөнүү	ymyttønyy
seguridad (f)	ишенимдүүлүк	iʃenimdyylyk
seguro (adj)	ишеничтүү	iʃenitʃtyy
inseguridad (f)	ишенбегендик	iʃenbegendik
inseguro (adj)	ишенбеген	iʃenbegen
borracho (adj)	мас	mas
sobrio (adj)	соо	soo
débil (adj)	бошоң	boʃoŋ
feliz (adj)	бактылуу	baktıluu
asustar (vt)	жүрөгүн түшүрүү	dʒyrøgyn tyʃyryy
furia (f)	жинденүү	dʒindenyy
rabia (f)	жаалдануу	dʒaaldanuu
depresión (f)	көңүлү чөгүү	køŋyly tʃøgyy
incomodidad (f)	ыңгайсыз	ıŋgajsız

comodidad (f)	ыңгайлуу	ıŋgajluu
arrepentirse (vr)	өкүнүү	økynyy
arrepentimiento (m)	өкүнүп калуу	økynyp kaluu
mala suerte (f)	жолу болбоо	dʒolu bolboo
tristeza (f)	капалануу	kapalanuu

vergüenza (f)	уят	ujat
júbilo (m)	кубаныч	kubanıtʃ
entusiasmo (m)	ынта менен	ınta menen
entusiasta (m)	ынтызар	ıntızar
mostrar entusiasmo	ынтасын көрсөтүү	ıntasın kørsøtyy

59. El carácter. La personalidad

carácter (m)	мүнөз	mynøz
defecto (m)	кемчилик	kemtʃilik
mente (f)	эс-акыл	es-akıl
razón (f)	акыл	akıl

consciencia (f)	абийир	abijir
hábito (m)	адат	adat
habilidad (f)	жөндөм	dʒøndøm
poder (nadar, etc.)	билүү	bilyy

paciente (adj)	көтөрүмдүү	køtørymdyy
impaciente (adj)	чыдамы жок	tʃıdamı dʒok
curioso (adj)	ынтызар	ıntızar
curiosidad (f)	кызыгуучулук	kızıguutʃuluk

modestia (f)	жөнөкөйлүк	dʒønøkøjlyk
modesto (adj)	жөнөкөй	dʒønøkøj
inmodesto (adj)	чекилик	tʃekilik

pereza (f)	жалкоолук	dʒalkooluk
perezoso (adj)	жалкоо	dʒalkoo
perezoso (m)	эринчээк	erintʃeek

astucia (f)	куулук	kuuluk
astuto (adj)	куу	kuu
desconfianza (f)	ишенбөөчүлүк	iʃenbøøtʃylyk
desconfiado (adj)	ишенбеген	iʃenbegen

generosidad (f)	берешендик	bereʃendik
generoso (adj)	берешен	bereʃen
talentoso (adj)	зээндүү	zeendyy
talento (m)	талант	talant

valiente (adj)	кайраттуу	kajrattuu
coraje (m)	кайрат	kajrat
honesto (adj)	чынчыл	tʃıntʃıl
honestidad (f)	чынчылдык	tʃıntʃıldık

| prudente (adj) | сак | sak |
| valeroso (adj) | тайманбас | tajmanbas |

| serio (adj) | оор басырыктуу | oor basırıktuu |
| severo (adj) | сүрдүү | syrdyy |

decidido (adj)	чечкиндүү	tʃetʃkindyy
indeciso (adj)	чечкинсиз	tʃetʃkinsiz
tímido (adj)	тартынчаак	tartıntʃaak
timidez (f)	жүрөкзаада	dʒyrøkzaada

confianza (f)	ишеним артуу	iʃenim artuu
creer (créeme)	ишенүү	iʃenyy
confiado (crédulo)	ишенчээк	iʃentʃeek

sinceramente (adv)	чын жүрөктөн	tʃın dʒyrøktøn
sincero (adj)	ак ниеттен	ak nietten
sinceridad (f)	ак ниеттүүлүк	ak niettyylyk
abierto (adj)	ачык	atʃık

calmado (adj)	жоош	dʒooʃ
franco (sincero)	ачык	atʃık
ingenuo (adj)	ишенчээк	iʃentʃeek
distraído (adj)	унутчаак	unuttʃaak
gracioso (adj)	кызык	kızık

avaricia (f)	ач көздүк	atʃ køzdyk
avaro (adj)	сараң	saraŋ
tacaño (adj)	сараң	saraŋ
malvado (adj)	каардуу	kaarduu
terco (adj)	көк	køk
desagradable (adj)	жагымсыз	dʒagımsız

egoísta (m)	өзүмчүл	øzymtʃyl
egoísta (adj)	өзүмчүл	øzymtʃyl
cobarde (m)	суу жүрөк	suu dʒyrøk
cobarde (adj)	суу жүрөк	suu dʒyrøk

60. El sueño. Los sueños

dormir (vi)	уктоо	uktoo
sueño (m) (estado)	уйку	ujku
sueño (m) (dulces ~s)	түш	tyʃ
soñar (vi)	түш көрүү	tyʃ køryy
adormilado (adj)	уйкусураган	ujkusuragan

cama (f)	керебет	kerebet
colchón (m)	матрас	matras
manta (f)	жуурқан	dʒuurkan
almohada (f)	жаздык	dʒazdık
sábana (f)	шейшеп	ʃejʃep

insomnio (m)	уйкусуздук	ujkusuzduk
de insomnio (adj)	уйкусуз	ujkusuz
somnífero (m)	уйку дарысы	ujku darısı
tomar el somnífero	уйку дарысын ичүү	ujku darısın itʃyy
tener sueño	уйкусу келүү	ujkusu kelyy

bostezar (vi)	эстөө	estøø
irse a la cama	уктоого кетүү	uktoogo ketyy
hacer la cama	төшөк салуу	tøʃøk saluu
dormirse (vr)	уктап калуу	uktap kaluu

pesadilla (f)	коркунучтуу түш	korkunuʧtuu tyʃ
ronquido (m)	коңурук	koŋuruk
roncar (vi)	коңурук тартуу	koŋuruk tartuu

despertador (m)	ойготкуч саат	ojgotkuʧ saat
despertar (vt)	ойготуу	ojgotuu
despertarse (vr)	ойгонуу	ojgonuu
levantarse (vr)	төшөктөн туруу	tøʃøktøn turuu
lavarse (vr)	бети-колду жуу	beti-koldu ʤuu

61. El humor. La risa. La alegría

humor (m)	күлкү салуу	kylky saluu
sentido (m) del humor	тамашага чалуу	tamaʃaga ʧaluu
divertirse (vr)	көңүл ачуу	køŋyl aʧuu
alegre (adj)	көңүлдүү	køŋyldyy
júbilo (m)	көңүлдүүлүк	køŋyldyylyk

sonrisa (f)	жылмайыш	ʤɪlmajɪʃ
sonreír (vi)	жылмаюу	ʤɪlmaʤʉu
echarse a reír	күлүп жиберүү	kylyp ʤiberyy
reírse (vr)	күлүү	kylyy
risa (f)	күлкү	kylky

anécdota (f)	күлкүлүү окуя	kylkylyy okuja
gracioso (adj)	күлкүлүү	kylkylyy
ridículo (adj)	кызык	kɪzɪk

bromear (vi)	тамашалоо	tamaʃaloo
broma (f)	тамаша	tamaʃa
alegría (f) (emoción)	кубаныч	kubanɪʧ
alegrarse (vr)	кубануу	kubanuu
alegre (~ de que ...)	кубанычтуу	kubanɪʧtuu

62. La discusión y la conversación. Unidad 1

comunicación (f)	баарлашуу	baarlaʃuu
comunicarse (vr)	баарлашуу	baarlaʃuu

conversación (f)	сүйлөшүү	syjløʃyy
diálogo (m)	маек	maek
discusión (f) (debate)	талкуу	talkuu
debate (m)	талаш	talaʃ
debatir (vi)	талашуу	talaʃuu

interlocutor (m)	аңгемелешкен	aŋgemeleʃken
tema (m)	тема	tema

punto (m) de vista	көз караш	køz karaʃ
opinión (f)	ой-пикир	oj-pikir
discurso (m)	сөз	søz

discusión (f) (del informe, etc.)	талкуу	talkuu
discutir (vt)	талкуулоо	talkuuloo
conversación (f)	маек	maek
conversar (vi)	маектешүү	maekteʃyy
reunión (f)	жолугушуу	dʒoluguʃuu
encontrarse (vr)	жолугушуу	dʒoluguʃuu

proverbio (m)	макал-лакап	makal-lakap
dicho (m)	лакап	lakap
adivinanza (f)	табышмак	tabıʃmak
contar una adivinanza	табышмак айтуу	tabıʃmak ajtuu
contraseña (f)	сырсөз	sırsøz
secreto (m)	сыр	sır

juramento (m)	ант	ant
jurar (vt)	ант берүү	ant beryy
promesa (f)	убада	ubada
prometer (vt)	убада берүү	ubada beryy

consejo (m)	кеңеш	keŋeʃ
aconsejar (vt)	кеңеш берүү	keŋeʃ beryy
seguir el consejo	кеңешин жолдоо	keŋeʃin dʒoldoo
escuchar (a los padres)	угуу	uguu

noticias (f pl)	жаңылык	dʒaŋılık
sensación (f)	дүң салуу	dyŋ saluu
información (f)	маалымат	maalımat
conclusión (f)	корутунду	korutundu
voz (f)	үн	yn
cumplido (m)	мактоо	maktoo
amable (adj)	сылык	sılık

palabra (f)	сөз	søz
frase (f)	сүйлөм	syjløm
respuesta (f)	жооп	dʒoop

| verdad (f) | чындык | tʃındık |
| mentira (f) | жалган | dʒalgan |

pensamiento (m)	ой	oj
idea (f)	ой	oj
fantasía (f)	ойдон чыгаруу	ojdon tʃıgaruu

63. La discusión y la conversación. Unidad 2

respetado (adj)	урматтуу	urmattuu
respetar (vt)	сыйлоо	sıjloo
respeto (m)	урмат	urmat
Estimado ...	Урматтуу ...	urmattuu ...
presentar (~ a sus padres)	тааныштыруу	taanıʃtıruu

conocer a alguien	таанышуу	taanıʃuu
intención (f)	ниет	niet
tener intención (de …)	ниеттенүү	niettenyy
deseo (m)	каалоо	kaaloo
desear (vt) (~ buena suerte)	каалоо айтуу	kaaloo ajtuu

sorpresa (f)	таңгалыч	taŋgalıtʃ
sorprender (vt)	таң калтыруу	taŋ kaltıruu
sorprenderse (vr)	таң калуу	taŋ kaluu

dar (vt)	берүү	beryy
tomar (vt)	алуу	aluu
devolver (vt)	кайтарып берүү	kajtarıp beryy
retornar (vt)	кайра берүү	kajra beryy

disculparse (vr)	кечирим суроо	ketʃirim suroo
disculpa (f)	кечирим	ketʃirim
perdonar (vt)	кечирүү	ketʃiryy

hablar (vi)	сүйлөшүү	syjløʃyy
escuchar (vt)	угуу	uguu
escuchar hasta el final	кулак салуу	kulak saluu
comprender (vt)	түшүнүү	tyʃynyy

mostrar (vt)	көрсөтүү	kørsøtyy
mirar a …	… кароо	… karoo
llamar (vt)	чакыруу	tʃakıruu
distraer (molestar)	тынчын алуу	tıntʃın aluu
molestar (vt)	тынчын алуу	tıntʃın aluu
pasar (~ un mensaje)	узатып коюу	uzatıp kojuu

petición (f)	сураныч	suranıtʃ
pedir (vt)	суроо	suroo
exigencia (f)	талап	talap
exigir (vt)	талап кылуу	talap kıluu

motejar (vr)	кыжырына тийүү	kıdʒırına tijyy
burlarse (vr)	шылдыңдоо	ʃıldıŋdoo
burla (f)	шылдың	ʃıldıŋ
apodo (m)	лакап ат	lakap at

alusión (f)	кыйытма	kıjıtma
aludir (vi)	кыйытып айтуу	kıjıtıp aytuu
sobrentender (vt)	билдирүү	bildiryy

descripción (f)	сүрөттөө	syrøttøø
describir (vt)	сүрөттөп берүү	syrøttøp beryy
elogio (m)	алкыш	alkıʃ
elogiar (vt)	мактоо	maktoo

decepción (f)	көңүлү калуу	køŋyly kaluu
decepcionar (vt)	көңүлүн калтыруу	køŋylyn kaltıruu
estar decepcionado	көңүл калуу	køŋyl kaluu

suposición (f)	божомол	bodʒomol
suponer (vt)	божомолдоо	bodʒomoldoo

| advertencia (f) | эскертүү | eskertyy |
| prevenir (vt) | эскертүү | eskertyy |

64. La discusión y la conversación. Unidad 3

| convencer (vt) | көндүрүү | køndyryy |
| calmar (vt) | тынчтандыруу | tıntʃtandıruu |

silencio (m) (~ es oro)	жымжырт	dʒımdʒırt
callarse (vr)	унчукпоо	untʃukpoo
susurrar (vi, vt)	шыбыроо	ʃıbıroo
susurro (m)	шыбыр	ʃıbır

| francamente (adv) | ачык айтканда | atʃık ajtkanda |
| en mi opinión ... | менин оюмча ... | menin ojumtʃa ... |

detalle (m) (de la historia)	ийне-жиби	ijne-dʒibi
detallado (adj)	тетиктелген	tetiktelgen
detalladamente (adv)	тетикке чейин	tetikke tʃejin

| pista (f) | четин чыгаруу | tʃetin tʃıgaruu |
| dar una pista | четин чыгаруу | tʃetin tʃıgaruu |

mirada (f)	көз	køz
echar una mirada	карап коюу	karap kojuu
fija (mirada ~)	тиктеген	tiktegen
parpadear (vi)	көз ирмөө	køz irmøø
guiñar un ojo	көз кысуу	køz kısuu
asentir con la cabeza	баш ийкөө	baʃ ijkøø

suspiro (m)	дем чыгаруу	dem tʃıgaruu
suspirar (vi)	дем алуу	dem aluu
estremecerse (vr)	селт этүү	selt etyy
gesto (m)	жаңсоо	dʒaŋsoo
tocar (con la mano)	тийип кетүү	tijip ketyy
asir (~ de la mano)	кармоо	karmoo
palmear (~ la espalda)	таптоо	taptoo

¡Cuidado!	Абайлагыла!	abajlagıla!
¿De veras?	Чын элеби?!	tʃın elebi?!
¿Estás seguro?	Жаңылган жоксуңбу?	dʒaŋılgan dʒoksuŋbu?
¡Suerte!	Ийгилик!	ijgilik!
¡Ya veo!	Түшүнүктүү!	tyʃynyktyy!
¡Es una lástima!	Кап!	kap!

65. El acuerdo. El rechazo

acuerdo (m)	макулдук	makulduk
estar de acuerdo	макул болуу	makul boluu
aprobación (f)	колдоо	koldoo
aprobar (vt)	колдоо	koldoo
rechazo (m)	баш тартуу	baʃ tartuu

negarse (vr)	баш тартуу	baʃ tartuu
¡Excelente!	Эң жакшы!	eŋ dʒakʃı!
¡De acuerdo!	Жакшы!	dʒakʃı!
¡Vale!	Макул!	makul!

prohibido (adj)	тыйуу салынган	tıjɯu salıngan
está prohibido	болбойт	bolbojt
es imposible	мүмкүн эмес	mymkyn emes
incorrecto (adj)	туура эмес	tuura emes

rechazar (vt)	четке кагуу	tʃetke kaguu
apoyar (la decisión)	колдоо	koldoo
aceptar (vt)	кабыл алуу	kabıl aluu

confirmar (vt)	ырастоо	ırastoo
confirmación (f)	ырастоо	ırastoo
permiso (m)	уруксат	uruksat
permitir (vt)	уруксат берүү	uruksat beryy
decisión (f)	чечим	tʃetʃim
no decir nada	үнчүкпоо	untʃukpoo

condición (f)	шарт	ʃart
excusa (f) (pretexto)	шылтоо	ʃıltoo
elogio (m)	алкыш	alkıʃ
elogiar (vt)	мактоо	maktoo

66. El éxito. La buena suerte. El Fracaso

éxito (m)	ийгилик	ijgilik
con éxito (adv)	ийгиликтүү	ijgiliktyy
exitoso (adj)	ийгиликтүү	ijgiliktyy

suerte (f)	жол болуу	dʒol boluu
¡Suerte!	Ийгилик!	ijgilik!
de suerte (día ~)	ийгиликтүү	ijgiliktyy
afortunado (adj)	жолу бар	dʒolu bar

fiasco (m)	жолу болбостук	dʒolu bolbostuk
infortunio (m)	жолу болбостук	dʒolu bolbostuk
mala suerte (f)	жолу болбоо	dʒolu bolboo

| fracasado (adj) | жолу болбогон | dʒolu bolbogon |
| catástrofe (f) | киши көрбөсүн | kiʃi kørbøsyn |

orgullo (m)	сыймык	sıjmık
orgulloso (adj)	көтөрүнгөн	køtøryngøn
estar orgulloso	сыймыктануу	sıjmıktanuu

ganador (m)	жеңүүчү	dʒeŋyytʃy
ganar (vi)	жеңүү	dʒeŋyy
perder (vi)	жеңилүү	dʒeŋilyy
tentativa (f)	аракет	araket
intentar (tratar)	аракет кылуу	araket kıluu
chance (f)	мүмкүнчүлүк	mymkyntʃylyk

67. Las discusiones. Las emociones negativas

grito (m)	кыйкырык	kıjkırık
gritar (vi)	кыйкыруу	kıjkıruu
comenzar a gritar	кыйкырып алуу	kıjkırıp aluu
disputa (f), riña (f)	уруш	uruʃ
reñir (vi)	урушуу	uruʃuu
escándalo (m) (riña)	чатак	tʃatak
causar escándalo	чатакташуу	tʃataktaʃuu
conflicto (m)	чыр-чатак	tʃır-tʃatak
malentendido (m)	түшүнбөстүк	tyʃynbøstyk
insulto (m)	кордоо	kordoo
insultar (vt)	кемсинтүү	kemsintyy
insultado (adj)	катуу тийген	katuu tijgen
ofensa (f)	таарыныч	taarınıtʃ
ofender (vt)	көңүлгө тийүү	køŋylgø tijyy
ofenderse (vr)	таарынып калуу	taarınıp kaluu
indignación (f)	нааразылык	naarazılık
indignarse (vr)	нааразы болуу	naarazı boluu
queja (f)	арыз	arız
quejarse (vr)	арыздануу	arızdanuu
disculpa (f)	кечирим	ketʃirim
disculparse (vr)	кечирим суроо	ketʃirim suroo
pedir perdón	кечирим суроо	ketʃirim suroo
crítica (f)	сын-пикир	sın-pikir
criticar (vt)	сындоо	sındoo
acusación (f)	айыптоо	ajıptoo
acusar (vt)	айыптоо	ajıptoo
venganza (f)	өч алуу	øtʃ aluu
vengar (vt)	өч алуу	øtʃ aluu
desprecio (m)	киши катары көрбөө	kiʃi katarı kørbøø
despreciar (vt)	киши катарына албоо	kiʃi katarına alboo
odio (m)	жек көрүү	dʒek køryy
odiar (vt)	жек көрүү	dʒek køryy
nervioso (adj)	тынчы кеткен	tıntʃı ketken
estar nervioso	тынчы кетүү	tıntʃı ketyy
enfadado (adj)	ачууланган	atʃuulangan
enfadar (vt)	ачуусун келтирүү	atʃuusun keltiryy
humillación (f)	кемсинтүү	kemsintyy
humillar (vt)	кемсинтүү	kemsintyy
humillarse (vr)	байкуш болуу	bajkuʃ boluu
choque (m)	дендирөө	dendirøø
chocar (vi)	дендиретүү	dendiretyy
molestia (f) (problema)	жагымсыз жагдай	dʒagımsız dʒagdaj
desagradable (adj)	жагымсыз	dʒagımsız

miedo (m)	коркунуч	korkunutʃ
terrible (tormenta, etc.)	каардуу	kaarduu
de miedo (historia ~)	коркунучтуу	korkunutʃtuu
horror (m)	үрөй учуу	yrøj utʃuu
horrible (adj)	үрөй учуруу	yrøj utʃuruu

empezar a temblar	калтырап баштоо	kaltırap baʃtoo
llorar (vi)	ыйлоо	ıjloo
comenzar a llorar	ыйлап жиберүү	ıjlap dʒiberyy
lágrima (f)	көз жаш	køz dʒaʃ

culpa (f)	күнөө	kynøø
remordimiento (m)	күнөө сезими	kynøø sezimi
deshonra (f)	уят	ujat
protesta (f)	нааразылык	naarazılık
estrés (m)	бушайман болуу	buʃajman boluu

molestar (vt)	тынчын алуу	tıntʃın aluu
estar furioso	жини келүү	dʒini kelyy
enfadado (adj)	ачуулуу	atʃuuluu
terminar (vt)	токтотуу	toktotuu
regañar (vt)	урушуу	uruʃuu

asustarse (vr)	чоочуу	tʃootʃuu
golpear (vt)	уруу	uruu
pelear (vi)	мушташуу	muʃtaʃuu

resolver (~ la discusión)	жөндөө	dʒøndøø
descontento (adj)	нааразы	naarazı
furioso (adj)	жаалданган	dʒaaldangan

| ¡No está bien! | Бул жакшы эмес! | bul dʒakʃı emes! |
| ¡Está mal! | Бул жаман! | bul dʒaman! |

La medicina

68. Las enfermedades

enfermedad (f)	оору	ooru
estar enfermo	ооруу	ooruu
salud (f)	ден-соолук	den-sooluk
resfriado (m) (coriza)	мурдунан суу агуу	murdunan suu aguu
angina (f)	ангина	angina
resfriado (m)	суук тийүү	suuk tijyy
resfriarse (vr)	суук тийгизип алуу	suuk tijgizip aluu
bronquitis (f)	бронхит	bronχit
pulmonía (f)	кабыргадан сезгенүү	kabırgadan sezgenyy
gripe (f)	сасык тумоо	sasık tumoo
miope (adj)	алыстан көрө албоо	alıstan kørø alboo
présbita (adj)	жакындан көрө албоо	dʒakından kørø alboo
estrabismo (m)	кылый көздүүлүк	kılıj køzdyylyk
estrábico (m) (adj)	кылый көздүүлүк	kılıj køzdyylyk
catarata (f)	челкөз	tʃelkøz
glaucoma (f)	глаукома	glaukoma
insulto (m)	мээге кан куюлуу	meege kan kujuluu
ataque (m) cardiaco	инфаркт	infarkt
infarto (m) de miocardio	инфаркт миокарда	infarkt miokarda
parálisis (f)	шал	ʃal
paralizar (vt)	шал болуу	ʃal boluu
alergia (f)	аллергия	allergija
asma (f)	астма	astma
diabetes (m)	диабет	diabet
dolor (m) de muelas	тиш оорусу	tiʃ oorusu
caries (f)	кариес	karies
diarrea (f)	ич өткү	itʃ øtky
estreñimiento (m)	ич катуу	itʃ katuu
molestia (f) estomacal	ич бузулгандык	itʃ buzulgandık
envenenamiento (m)	уулануу	uulanuu
envenenarse (vr)	уулануу	uulanuu
artritis (f)	артрит	artrit
raquitismo (m)	итий	itij
reumatismo (m)	кызыл жүгүрүк	kızıl dʒygyryk
ateroesclerosis (f)	атеросклероз	ateroskleroz
gastritis (f)	карын сезгенүүсу	karın sezgenyysu
apendicitis (f)	аппендицит	appenditsit

| colecistitis (m) | холецистит | χoletsistit |
| úlcera (f) | жара | dʒara |

sarampión (m)	кызылча	kızıltʃa
rubeola (f)	кызамык	kızamık
ictericia (f)	сарык	sarık
hepatitis (f)	гепатит	gepatit

esquizofrenia (f)	шизофрения	ʃizofrenija
rabia (f) (hidrofobia)	кутурма	kuturma
neurosis (f)	невроз	nevroz
conmoción (m) cerebral	мээнин чайкалышы	meenin tʃajkalıʃı

cáncer (m)	рак	rak
esclerosis (f)	склероз	skleroz
esclerosis (m) múltiple	жайылган склероз	dʒajılgan skleroz

alcoholismo (m)	аракечтик	araketʃtik
alcohólico (m)	аракеч	araketʃ
sífilis (f)	котон жара	koton dʒara
SIDA (f)	СПИД	spid

tumor (m)	шишик	ʃiʃik
maligno (adj)	залалдуу	zalalduu
benigno (adj)	залалсыз	zalalsız

fiebre (f)	безгек	bezgek
malaria (f)	безгек	bezgek
gangrena (f)	кабыз	kabız
mareo (m)	деңиз оорусу	deŋiz oorusu
epilepsia (f)	талма	talma

epidemia (f)	эпидемия	epidemija
tifus (m)	келте	kelte
tuberculosis (f)	кургак учук	kurgak utʃuk
cólera (f)	холера	χolera
peste (f)	кара тумоо	kara tumoo

69. Los síntomas. Los tratamientos. Unidad 1

síntoma (m)	белги	belgi
temperatura (f)	дене табынын көтөрүлүшү	dene tabının køtørylyʃy
fiebre (f)	жогорку температура	dʒogorku temperatura
pulso (m)	тамыр кагышы	tamır kagıʃı

mareo (m) (vértigo)	баш айлануу	baʃ ajlanuu
caliente (adj)	ысык	ısık
escalofrío (m)	чыйрыгуу	tʃijrıguu
pálido (adj)	купкуу	kupkuu

tos (f)	жөтөл	dʒøtøl
toser (vi)	жөтөлүү	dʒøtølyy
estornudar (vi)	чүчкүрүү	tʃytʃkyryy

| desmayo (m) | эси оо | esi oo |
| desmayarse (vr) | эси ооп жыгылуу | esi oop dʒıgıluu |

moradura (f)	кɵк-ала	køk-ala
chichón (m)	шишик	ʃiʃik
golpearse (vr)	урунуп алуу	urunup aluu
magulladura (f)	кɵгɵртүп алуу	køgørtyp aluu
magullarse (vr)	кɵгɵртүп алуу	køgørtyp aluu

cojear (vi)	аксоо	aksoo
dislocación (f)	муундун чыгып кетүүсү	muundun tʃıgıp ketyysy
dislocar (vt)	чыгарып алуу	tʃıgarıp aluu
fractura (f)	сынуу	sınuu
tener una fractura	сындырып алуу	sındırıp aluu

corte (m) (tajo)	кесилген жер	kesilgen dʒer
cortarse (vr)	кесип алуу	kesip aluu
hemorragia (f)	кан кетүү	kan ketyy

| quemadura (f) | күйүк | kyjyk |
| quemarse (vr) | күйгүзүп алуу | kyjgyzyp aluu |

pincharse (el dedo)	саюу	sajɵu
pincharse (vr)	сайып алуу	sajip aluu
herir (vt)	кокустатып алуу	kokustatıp aluu
herida (f)	кокустатып алуу	kokustatıp aluu
lesión (f) (herida)	жара	dʒara
trauma (m)	жаракат	dʒarakat

delirar (vi)	жɵлүү	dʒølyy
tartamudear (vi)	кекечтенүү	keketʃtenyy
insolación (f)	күн ɵтүү	kyn øtyy

70. Los síntomas. Los tratamientos. Unidad 2

| dolor (m) | оору | ooru |
| astilla (f) | тикен | tiken |

sudor (m)	тер	ter
sudar (vi)	тердɵɵ	terdøø
vómito (m)	кусуу	kusuu
convulsiones (f)	тарамыш карышуусу	taramıʃ karıʃuusu

embarazada (adj)	кош бойлуу	koʃ bojluu
nacer (vi)	тɵрɵлүү	tørølyy
parto (m)	тɵрɵт	tørøt
dar a luz	тɵрɵɵ	tørøø
aborto (m)	бойдон түшүрүү	bojdon tyʃyryy

respiración (f)	дем алуу	dem aluu
inspiración (f)	дем алуу	dem aluu
espiración (f)	дем чыгаруу	dem tʃıgaruu
espirar (vi)	дем чыгаруу	dem tʃıgaruu
inspirar (vi)	дем алуу	dem aluu

inválido (m)	майып	majıp
mutilado (m)	мунжу	mundʒu
drogadicto (m)	баңги	baŋgi

sordo (adj)	дүлөй	dyløj
mudo (adj)	дудук	duduk
sordomudo (adj)	дудук	duduk

loco (adj)	жин тийген	dʒin tijgen
loco (m)	жинди чалыш	dʒindi ʧalıʃ
loca (f)	жинди чалыш	dʒindi ʧalıʃ
volverse loco	мээси айныган	meesi ajnıgan

gen (m)	ген	gen
inmunidad (f)	иммунитет	immunitet
hereditario (adj)	тукум куучулук	tukum kuuʧuluk
de nacimiento (adj)	тубаса	tubasa

virus (m)	вирус	virus
microbio (m)	микроб	mikrob
bacteria (f)	бактерия	bakterija
infección (f)	жугуштуу илдет	dʒuguʃtuu ildet

71. Los síntomas. Los tratamientos. Unidad 3

| hospital (m) | оорукана | oorukana |
| paciente (m) | бейтап | bejtap |

diagnosis (f)	дарт аныктоо	dart anıktoo
cura (f)	дарылоо	darıloo
tratamiento (m)	дарылоо	darıloo
curarse (vr)	дарылануу	darılanuu
tratar (vt)	дарылоо	darıloo
cuidar (a un enfermo)	кароо	karoo
cuidados (m pl)	кароо	karoo

operación (f)	операция	operatsija
vendar (vt)	жараны таңуу	dʒaranı taŋuu
vendaje (m)	таңуу	taŋuu

vacunación (f)	эмдөө	emdøø
vacunar (vt)	эмдөө	emdøø
inyección (f)	ийне салуу	ijne saluu
aplicar una inyección	ийне сайдыруу	ijne sajdıruu

ataque (m)	оору кармап калуу	ooru karmap kaluu
amputación (f)	кесүү	kesyy
amputar (vt)	кесип таштоо	kesip taʃtoo
coma (m)	кома	koma
estar en coma	комада болуу	komada boluu
revitalización (f)	реанимация	reanimatsija

| recuperarse (vr) | сакаюу | sakajɯu |
| estado (m) (de salud) | абал | abal |

| consciencia (f) | эсинде | esinde |
| memoria (f) | эс тутум | es tutum |

extraer (un diente)	тишти жулуу	tiʃti dʒuluu
empaste (m)	пломба	plomba
empastar (vt)	пломба салуу	plomba saluu

| hipnosis (f) | гипноз | gipnoz |
| hipnotizar (vt) | гипноз кылуу | gipnoz kıluu |

72. Los médicos

médico (m)	доктур	doktur
enfermera (f)	медсестра	medsestra
médico (m) personal	жекелик доктур	dʒekelik doktur

dentista (m)	тиш доктур	tiʃ doktur
oftalmólogo (m)	көз доктур	køz doktur
internista (m)	терапевт	terapevt
cirujano (m)	хирург	χirurg

psiquiatra (m)	психиатр	psiχiatr
pediatra (m)	педиатр	pediatr
psicólogo (m)	психолог	psiχolog
ginecólogo (m)	гинеколог	ginekolog
cardiólogo (m)	кардиолог	kardiolog

73. La medicina. Las drogas. Los accesorios

medicamento (m), droga (f)	дары-дармек	darı-darmek
remedio (m)	дары	darı
prescribir (vt)	жазып берүү	dʒazıp beryy
receta (f)	рецепт	retsept

tableta (f)	таблетка	tabletka
ungüento (m)	май	maj
ampolla (f)	ампула	ampula
mixtura (f), mezcla (f)	аралашма	aralaʃma
sirope (m)	сироп	sirop
píldora (f)	пилюля	pilulʲa
polvo (m)	күкүм	kykym

venda (f)	бинт	bint
algodón (m) (discos de ~)	пахта	paχta
yodo (m)	йод	jod

tirita (f), curita (f)	лейкопластырь	lejkoplastırʲ
pipeta (f)	дары тамызгыч	darı tamızgıtʃ
termómetro (m)	градусник	gradusnik
jeringa (f)	шприц	ʃprits
silla (f) de ruedas	майып арабасы	majıp arabası
muletas (f pl)	колтук таяк	koltuk tajak

anestésico (m)	оору сездирбөөчү дары	ooru sezdirbøøtfy darı
purgante (m)	ич алдыруучу дары	itf aldıruutfu darı
alcohol (m)	спирт	spirt
hierba (f) medicinal	дары чөптөр	darı tføptør
de hierbas (té ~)	чөп чайы	tføp tfajı

74. El fumar. Los productos del tabaco

tabaco (m)	тамеки	tameki
cigarrillo (m)	чылым	tfılım
cigarro (m)	чылым	tfılım
pipa (f)	трубка	trubka
paquete (m)	пачке	patfke

cerillas (f pl)	ширеңке	fireŋke
caja (f) de cerillas	ширеңке кутусу	fireŋke kutusu
encendedor (m)	зажигалка	zadʒigalka
cenicero (m)	күл салгыч	kyl salgıtf
pitillera (f)	портсигар	portsigar

| boquilla (f) | мундштук | mundftuk |
| filtro (m) | фильтр | filʲtr |

fumar (vi, vt)	тамеки тартуу	tameki tartuu
encender un cigarrillo	күйгүзүп алуу	kyjgyzyp aluu
tabaquismo (m)	чылым чегүү	tfılım tfegyy
fumador (m)	тамекичи	tamekitfi

colilla (f)	чылым калдыгы	tfılım kaldıgı
humo (m)	түтүн	tytyn
ceniza (f)	күл	kyl

EL AMBIENTE HUMANO

La ciudad

75. La ciudad. La vida en la ciudad

ciudad (f)	шаар	ʃaar
capital (f)	борбор	borbor
aldea (f)	кыштак	kıʃtak
plano (m) de la ciudad	шаардын планы	ʃaardın planı
centro (m) de la ciudad	шаардын борбору	ʃaardın borboru
suburbio (m)	шаардын чет жакасы	ʃaardın tʃet dʒakası
suburbano (adj)	шаардын чет жакасындагы	ʃaardın tʃet dʒakasındagı
arrabal (m)	чет-жака	tʃet-dʒaka
afueras (f pl)	чет-жака	tʃet-dʒaka
barrio (m)	квартал	kvartal
zona (f) de viviendas	турак-жай кварталы	turak-dʒaj kvartalı
tráfico (m)	көчө кыймылы	køtʃø kıjmılı
semáforo (m)	светофор	svetofor
transporte (m) urbano	шаар транспорту	ʃaar transportu
cruce (m)	кесилиш	kesiliʃ
paso (m) de peatones	жөө жүрүүчүлөр жолу	dʒøø dʒyryytʃylør dʒolu
paso (m) subterráneo	жер астындагы жол	dʒer astındagı dʒol
cruzar (vt)	жолду өтүү	dʒoldu øtyy
peatón (m)	жөө жүрүүчү	dʒøø dʒyryytʃy
acera (f)	жанжол	dʒandʒol
puente (m)	көпүрө	køpyrø
muelle (m)	жээк жол	dʒeek dʒol
fuente (f)	фонтан	fontan
alameda (f)	аллея	alleja
parque (m)	сейил багы	sejil bagı
bulevar (m)	бульвар	bulʲvar
plaza (f)	аянт	ajant
avenida (f)	проспект	prospekt
calle (f)	көчө	køtʃø
callejón (m)	чолок көчө	tʃolok køtʃø
callejón (m) sin salida	туюк көчө	tujʉk køtʃø
casa (f)	үй	yj
edificio (m)	имарат	imarat
rascacielos (m)	көк тиреген көп кабаттуу үй	køk tiregen køp kabattuu yj

fachada (f)	үйдүн алды	yjdyn aldı
techo (m)	чатыр	tfatır
ventana (f)	терезе	tereze
arco (m)	түркүк	tyrkyk
columna (f)	мамы	mamı
esquina (f)	бурч	burtf

escaparate (f)	көрсөтмө айнек үкөк	kørsøtmø ajnek ykøk
letrero (m) (~ luminoso)	көрнөк	kørnøk
cartel (m)	афиша	afifa
cartel (m) publicitario	көрнөк-жарнак	kørnøk-dʒarnak
valla (f) publicitaria	жарнамалык такта	dʒarnamalık takta

basura (f)	таштанды	taftandı
cajón (m) de basura	таштанды челек	taftandı tfelek
tirar basura	таштоо	taftoo
basurero (m)	таштанды үйүлгөн жер	taftandı yjylgøn dʒer

cabina (f) telefónica	телефон будкасы	telefon budkası
farola (f)	чырак мамы	tfırak mamı
banco (m) (del parque)	отургуч	oturgutf

policía (m)	полиция кызматкери	politsija kızmatkeri
policía (f) (~ nacional)	полиция	politsija
mendigo (m)	кайырчы	kajırtfı
persona (f) sin hogar	селсаяк	selsajak

76. Las instituciones urbanas

tienda (f)	дүкөн	dykøn
farmacia (f)	дарыкана	darıkana
óptica (f)	оптика	optika
centro (m) comercial	соода борбору	sooda borboru
supermercado (m)	супермаркет	supermarket

panadería (f)	нан дүкөнү	nan dykøny
panadero (m)	навайчы	navajtfı
pastelería (f)	кондитердик дүкөн	konditerdik dykøn
tienda (f) de comestibles	азык-түлүк	azık-tylyk
carnicería (f)	эт дүкөнү	et dykøny

| verdulería (f) | жашылча дүкөнү | dʒafıltfa dykøny |
| mercado (m) | базар | bazar |

cafetería (f)	кофекана	kofekana
restaurante (m)	ресторан	restoran
cervecería (f)	сыракана	sırakana
pizzería (f)	пиццерия	pitserija

peluquería (f)	чач тарач	tfatf taratf
oficina (f) de correos	почта	potfta
tintorería (f)	химиялык тазалоо	ximijalık tazaloo
estudio (m) fotográfico	фотоателье	fotoatelje
zapatería (f)	бут кийим дүкөнү	but kijim dykøny

| librería (f) | китеп дүкөнү | kitep dykøny |
| tienda (f) deportiva | спорт буюмдар дүкөнү | sport bujumdar dykøny |

arreglos (m pl) de ropa	кийим ондоочу жай	kijim ondootʃu dʒaj
alquiler (m) de ropa	кийимди ижарага берүү	kijimdi idʒaraga beryy
videoclub (m)	тасмаларды ижарага берүү	tasmalardı idʒaraga beryy

circo (m)	цирк	tsırk
zoo (m)	зоопарк	zoopark
cine (m)	кинотеатр	kinoteatr
museo (m)	музей	muzej
biblioteca (f)	китепкана	kitepkana

teatro (m)	театр	teatr
ópera (f)	опера	opera
club (m) nocturno	түнкү клуб	tynky klub
casino (m)	казино	kazino

mezquita (f)	мечит	metʃit
sinagoga (f)	синагога	sinagoga
catedral (f)	чоң чиркөө	tʃoŋ tʃirkøø
templo (m)	ибадаткана	ibadatkana
iglesia (f)	чиркөө	tʃirkøø

instituto (m)	коллеж	kolledʒ
universidad (f)	университет	universitet
escuela (f)	мектеп	mektep

prefectura (f)	префектура	prefektura
alcaldía (f)	мэрия	merija
hotel (m)	мейманкана	mejmankana
banco (m)	банк	bank

embajada (f)	элчилик	eltʃilik
agencia (f) de viajes	турагенттиги	turagenttigi
oficina (f) de información	маалымат бюросу	maalımat burosu
oficina (f) de cambio	алмаштыруу пункту	almaʃtıruu punktu

| metro (m) | метро | metro |
| hospital (m) | оорукана | oorukana |

| gasolinera (f) | май куюучу станция | maj kujuutʃu stantsija |
| aparcamiento (m) | унаа токтоочу жай | unaa toktootʃu dʒaj |

77. El transporte urbano

autobús (m)	автобус	avtobus
tranvía (m)	трамвай	tramvaj
trolebús (m)	троллейбус	trollejbus
itinerario (m)	каттам	kattam
número (m)	номер	nomer
ir en ...	... жүрүү	... dʒyryy
tomar (~ el autobús)	... отуруу	... oturuu

bajar (~ del tren)	... түшүп калуу	... tyʃyp kaluu
parada (f)	аялдама	ajaldama
próxima parada (f)	кийинки аялдама	kijinki ajaldama
parada (f) final	акыркы аялдама	akırkı ajaldama
horario (m)	ырааттама	ıraattama
esperar (aguardar)	күтүү	kytyy

| billete (m) | билет | bilet |
| precio (m) del billete | билеттин баасы | bilettin baası |

cajero (m)	кассир	kassir
control (m) de billetes	текшерүү	tekʃeryy
cobrador (m)	текшерүүчү	tekʃeryytʃy

llegar tarde (vi)	кечигүү	ketʃigyy
perder (~ el tren)	кечигип калуу	ketʃigip kaluu
tener prisa	шашуу	ʃaʃuu

taxi (m)	такси	taksi
taxista (m)	такси айдоочу	taksi ajdootʃu
en taxi	таксиде	takside
parada (f) de taxi	такси токтоочу жай	taksi toktootʃu dʒaj
llamar un taxi	такси чакыруу	taksi tʃakıruu
tomar un taxi	такси кармоо	taksi karmoo

tráfico (m)	көчө кыймылы	køtʃø kıjmılı
atasco (m)	тыгын	tıgın
horas (f pl) de punta	кызуу маал	kızuu maal
aparcar (vi)	токтотуу	toktotuu
aparcar (vt)	машинаны жайлаштыруу	maʃinanı dʒajlaʃtıruu
aparcamiento (m)	унаа токтоочу жай	unaa toktootʃu dʒaj

metro (m)	метро	metro
estación (f)	бекет	beket
ir en el metro	метродо жүрүү	metrodo dʒyryy
tren (m)	поезд	poezd
estación (f)	вокзал	vokzal

78. La exploración del paisaje

monumento (m)	эстелик	estelik
fortaleza (f)	чеп	tʃep
palacio (m)	сарай	saraj
castillo (m)	сепил	sepil
torre (f)	мунара	munara
mausoleo (m)	күмбөз	kymbøz

arquitectura (f)	архитектура	arχitektura
medieval (adj)	орто кылымдык	orto kılımdık
antiguo (adj)	байыркы	bajırkı
nacional (adj)	улуттук	uluttuk
conocido (adj)	таанымал	taanımal
turista (m)	турист	turist
guía (m) (persona)	гид	gid

excursión (f)	экскурсия	ekskursija
mostrar (vt)	көрсөтүү	kørsøtyy
contar (una historia)	айтып берүү	ajtıp beryy

encontrar (hallar)	табуу	tabuu
perderse (vr)	адашып кетүү	adaʃıp ketyy
plano (m) (~ de metro)	схема	sχema
mapa (m) (~ de la ciudad)	план	plan

recuerdo (m)	асембелек	asembelek
tienda (f) de regalos	асембелек дүкөнү	asembelek dykøny
hacer fotos	сүрөткө тартуу	syrøtkø tartuu
fotografiarse (vr)	сүрөткө түшүү	syrøtkø tyʃyy

79. Las compras

comprar (vt)	сатып алуу	satıp aluu
compra (f)	сатып алуу	satıp aluu
hacer compras	сатып алууга чыгуу	satıp aluuga ʧıguu
compras (f pl)	базарчылоо	bazarʧıloo

| estar abierto (tienda) | иштөө | iʃtøø |
| estar cerrado | жабылуу | dʒabıluu |

calzado (m)	бут кийим	but kijim
ropa (f), vestido (m)	кийим-кече	kijim-ketʃe
cosméticos (m pl)	упа-эндик	upa-endik
productos alimenticios	азык-түлүк	azık-tylyk
regalo (m)	белек	belek

| vendedor (m) | сатуучу | satuuʧu |
| vendedora (f) | сатуучу кыз | satuuʧu kız |

caja (f)	касса	kassa
espejo (m)	күзгү	kyzgy
mostrador (m)	прилавок	prilavok
probador (m)	кийим ченөөчү бөлмө	kijim ʧenøøʧy bølmø

probar (un vestido)	кийим ченөө	kijim ʧenøø
quedar (una ropa, etc.)	ылайык келүү	ılajık kelyy
gustar (vi)	жактыруу	dʒaktıruu

precio (m)	баа	baa
etiqueta (f) de precio	баа	baa
costar (vt)	туруу	turuu
¿Cuánto?	Канча?	kanʧa?
descuento (m)	арзандатуу	arzandatuu

no costoso (adj)	кымбат эмес	kımbat emes
barato (adj)	арзан	arzan
caro (adj)	кымбат	kımbat
Es caro	Бул кымбат	bul kımbat
alquiler (m)	ижара	idʒara
alquilar (vt)	ижарага алуу	idʒaraga aluu

| crédito (m) | насыя | nasıja |
| a crédito (adv) | насыяга алуу | nasıjaga aluu |

80. El dinero

dinero (m)	акча	aktʃa
cambio (m)	алмаштыруу	almaʃtıruu
curso (m)	курс	kurs
cajero (m) automático	банкомат	bankomat
moneda (f)	тыйын	tıjın

| dólar (m) | доллар | dollar |
| euro (m) | евро | evro |

lira (f)	италиялык лира	italijalık lira
marco (m) alemán	немис маркасы	nemis markası
franco (m)	франк	frank
libra esterlina (f)	фунт стерлинг	funt sterling
yen (m)	йена	jena

deuda (f)	карыз	karız
deudor (m)	карыздар	karızdar
prestar (vt)	карызга берүү	karızga beryy
tomar prestado	карызга алуу	karızga aluu

banco (m)	банк	bank
cuenta (f)	эсеп	esep
ingresar (~ en la cuenta)	салуу	saluu
ingresar en la cuenta	эсепке акча салуу	esepke aktʃa saluu
sacar de la cuenta	эсептен акча чыгаруу	esepten aktʃa tʃıgaruu

tarjeta (f) de crédito	насыя картасы	nasıja kartası
dinero (m) en efectivo	накталай акча	naktalaj aktʃa
cheque (m)	чек	tʃek
sacar un cheque	чек жазып берүү	tʃek dʒazıp beryy
talonario (m)	чек китепчеси	tʃek kiteptʃesi

cartera (f)	намыян	namıjan
monedero (m)	капчык	kaptʃık
caja (f) fuerte	сейф	sejf

heredero (m)	мураскер	murasker
herencia (f)	мурас	muras
fortuna (f)	мүлк	mylk

arriendo (m)	ижара	idʒara
alquiler (m) (dinero)	батир акысы	batir akısı
alquilar (~ una casa)	батирге алуу	batirge aluu

precio (m)	баа	baa
coste (m)	баа	baa
suma (f)	сумма	summa
gastar (vt)	коротуу	korotuu
gastos (m pl)	чыгым	tʃıgım

economizar (vi, vt)	үнөмдөө	ynømdøø
económico (adj)	сарамжал	saramdʒal
pagar (vi, vt)	төлөө	tøløø
pago (m)	акы төлөө	akı tøløø
cambio (m) (devolver el ~)	кайтарылган майда акча	kajtarılgan majda aktʃa
impuesto (m)	салык	salık
multa (f)	айып	ajıp
multar (vt)	айып пул салуу	ajıp pul saluu

81. La oficina de correos

oficina (f) de correos	почта	potʃta
correo (m) (cartas, etc.)	почта	potʃta
cartero (m)	кат ташуучу	kat taʃuutʃu
horario (m) de apertura	иш сааттары	iʃ saattarı
carta (f)	кат	kat
carta (f) certificada	тапшырык кат	tapʃırık kat
tarjeta (f) postal	открытка	otkrıtka
telegrama (m)	телеграмма	telegramma
paquete (m) postal	посылка	posılka
giro (m) postal	акча которуу	aktʃa kotoruu
recibir (vt)	алуу	aluu
enviar (vt)	жөнөтүү	dʒønøtyy
envío (m)	жөнөтүү	dʒønøtyy
dirección (f)	дарек	darek
código (m) postal	индекс	indeks
expedidor (m)	жөнөтүүчү	dʒønøtyytʃy
destinatario (m)	алуучу	aluutʃu
nombre (m)	аты	atı
apellido (m)	фамилиясы	familijası
tarifa (f)	тариф	tarif
ordinario (adj)	жөнөкөй	dʒønøkøj
económico (adj)	үнөмдүү	ynømdyy
peso (m)	салмак	salmak
pesar (~ una carta)	таразалоо	tarazaloo
sobre (m)	конверт	konvert
sello (m)	марка	marka
poner un sello	марка жабыштыруу	marka dʒabıʃtıruu

La vivienda. La casa. El hogar

82. La casa. La vivienda

casa (f)	үй	yj
en casa (adv)	үйүндө	yjyndø
patio (m)	эшик	eʃik
verja (f)	тосмо	tosmo
ladrillo (m)	кыш	kıʃ
de ladrillo (adj)	кыштан	kıʃtan
piedra (f)	таш	taʃ
de piedra (adj)	таш	taʃ
hormigón (m)	бетон	beton
de hormigón (adj)	бетон	beton
nuevo (adj)	жаңы	dʒaŋı
viejo (adj)	эски	eski
deteriorado (adj)	эскирген	eskirgen
moderno (adj)	заманбап	zamanbap
de muchos pisos	көп кабаттуу	køp kabattuu
alto (adj)	бийик	bijik
piso (m)	кабат	kabat
de un solo piso	бир кабаттуу	bir kabat
piso (m) bajo	ылдыйкы этаж	ıldıjkı etadʒ
piso (m) alto	үстүңкү этаж	ystyŋky etadʒ
techo (m)	чатыр	tʃatır
chimenea (f)	мор	mor
tejas (f pl)	чатыр карапа	tʃatır karapa
de tejas (adj)	карапалуу	karapaluu
desván (m)	чердак	tʃerdak
ventana (f)	терезе	tereze
vidrio (m)	айнек	ajnek
alféizar (m)	текче	tektʃe
contraventanas (f pl)	терезе жапкычы	tereze dʒapkıtʃı
pared (f)	дубал	dubal
balcón (m)	балкон	balkon
gotera (f)	суу аккан түтүк	suu akkan tytyk
arriba (estar ~)	өйдө	øjdø
subir (vi)	көтөрүлүү	køtørylyy
descender (vi)	ылдый түшүү	ıldıj tyʃyy
mudarse (vr)	көчүү	køtʃyy

83. La casa. La entrada. El ascensor

entrada (f)	подъезд	pod^{h}jezd
escalera (f)	тепкич	tepkitʃ
escalones (m)	тепкичтер	tepkitʃter
baranda (f)	тосмо	tosmo
vestíbulo (m)	холл	χoll
buzón (m)	почта ящиги	potʃta jaʃtʃigi
contenedor (m) de basura	таштанды челеги	taʃtandı tʃelegi
bajante (f) de basura	таштанды түтүгү	taʃtandı tytygy
ascensor (m)	лифт	lift
ascensor (m) de carga	жүк ташуучу лифт	dʒyk taʃuutʃu lift
cabina (f)	кабина	kabina
ir en el ascensor	лифтке түшүү	liftke tyʃyy
apartamento (m)	батир	batir
inquilinos (m)	жашоочулар	dʒaʃootʃular
vecino (m)	кошуна	koʃuna
vecina (f)	кошуна	koʃuna
vecinos (m pl)	кошуналар	koʃunalar

84. La casa. Las puertas. Los candados

puerta (f)	эшик	eʃik
portón (m)	дарбаза	darbaza
tirador (m)	тутка	tutka
abrir el cerrojo	кулпусун ачуу	kulpusun atʃuu
abrir (vt)	ачуу	atʃuu
cerrar (vt)	жабуу	dʒabuu
llave (f)	ачкыч	atʃkıtʃ
manojo (m) de llaves	ачкычтар тизмеси	atʃkıtʃtar tizmesi
crujir (vi)	кычыратуу	kıtʃıratuu
crujido (m)	чыйкылдоо	tʃijkıldoo
gozne (m)	петля	petlˈa
felpudo (m)	килемче	kilemtʃe
cerradura (f)	кулпу	kulpu
ojo (m) de cerradura	кулпу тешиги	kulpu teʃigi
cerrojo (m)	бекитме	bekitme
pestillo (m)	тээк	teek
candado (m)	асма кулпу	asma kulpu
tocar el timbre	чалуу	tʃaluu
campanillazo (f)	шыңгыраш	ʃıŋgıraʃ
timbre (m)	конгуроо	konguroo
botón (m)	конгуроо баскычы	konguroo baskıtʃı
llamada (f)	такылдатуу	takıldatuu
llamar (vi)	такылдатуу	takıldatuu

código (m)	код	kod
cerradura (f) de contraseña	код кулпусу	kod kulpusu
telefonillo (m)	домофон	domofon
número (m)	номер	nomer
placa (f) de puerta	тактача	taktatʃa
mirilla (f)	көзчө	køztʃø

85. La casa de campo

aldea (f)	кыштак	kiʃtak
huerta (f)	чарбак	tʃarbak
empalizada (f)	тосмо	tosmo
valla (f)	кашаа	kaʃaa
puertecilla (f)	каалга	kaalga

granero (m)	кампа	kampa
sótano (m)	opoo	oroo
cobertizo (m)	сарай	saraj
pozo (m)	кудук	kuduk

estufa (f)	меш	meʃ
calentar la estufa	меш жагуу	meʃ dʒaguu
leña (f)	отун	otun
leño (m)	бир кертим жыгач	bir kertim dʒɪgatʃ

veranda (f)	веранда	veranda
terraza (f)	терасса	terassa
porche (m)	босого	bosogo
columpio (m)	селкинчек	selkintʃek

86. El castillo. El palacio

castillo (m)	сепил	sepil
palacio (m)	сарай	saraj
fortaleza (f)	чеп	tʃep

muralla (f)	дубал	dubal
torre (f)	мунара	munara
torre (f) principal	баш мунара	baʃ munara

rastrillo (m)	көтөрүлүүчү дарбаза	køtørylyytʃy darbaza
pasaje (m) subterráneo	жер астындагы жол	dʒer astɪndagɪ dʒol
foso (m) del castillo	сепил аңгеги	sepil aŋgegi

| cadena (f) | чынжыр | tʃɪndʒɪr |
| aspillera (f) | атуучу тешик | atuutʃu teʃik |

| magnífico (adj) | сонун | sonun |
| majestuoso (adj) | даңазалуу | daŋazaluu |

| inexpugnable (adj) | бекем чеп | bekem tʃep |
| medieval (adj) | орто кылымдык | orto kɪlɪmdɪk |

87. El apartamento

apartamento (m)	батир	batir
habitación (f)	бөлмө	bølmø
dormitorio (m)	уктоочу бөлмө	uktoоtʃu bølmø
comedor (m)	ашкана	aʃkana
salón (m)	конок үйү	konok yjy
despacho (m)	иш бөлмөсү	iʃ bølmøsy
antecámara (f)	кире бериш	kire beriʃ
cuarto (m) de baño	ванная	vannaja
servicio (m)	даараткана	daaratkana
techo (m)	шып	ʃɪp
suelo (m)	пол	pol
rincón (m)	бурч	burtʃ

88. El apartamento. La limpieza

hacer la limpieza	жыйноо	dʒɪjnoo
quitar (retirar)	жыйноо	dʒɪjnoo
polvo (m)	чаң	tʃaŋ
polvoriento (adj)	чаң баскан	tʃaŋ baskan
limpiar el polvo	чаң сүртүү	tʃaŋ syrtyy
aspirador (m)	чаң соргуч	tʃaŋ sorgutʃ
limpiar con la aspiradora	чаң сордуруу	tʃaŋ sorduruu
barrer (vi, vt)	шыпыруу	ʃɪpɪruu
barreduras (f pl)	шыпырынды	ʃɪpɪrɪndɪ
orden (m)	иреттелген	irettelgen
desorden (m)	чачылган	tʃatʃɪlgan
fregona (f)	швабра	ʃvabra
trapo (m)	чүпүрөк	tʃypyrøk
escoba (f)	шыпыргы	ʃɪpɪrgɪ
cogedor (m)	калак	kalak

89. Los muebles. El interior

muebles (m pl)	эмерек	emerek
mesa (f)	стол	stol
silla (f)	стул	stul
cama (f)	керебет	kerebet
sofá (m)	диван	divan
sillón (m)	олпок отургуч	olpok oturgutʃ
librería (f)	китеп шкафы	kitep ʃkafɪ
estante (m)	текче	tektʃe
armario (m)	шкаф	ʃkaf
percha (f)	кийим илгич	kijim ilgitʃ

perchero (m) de pie	кийим илгич	kijim ilgitʃ
cómoda (f)	комод	komod
mesa (f) de café	журнал столу	dʒurnal stolu

espejo (m)	күзгү	kyzgy
tapiz (m)	килем	kilem
alfombra (f)	килемче	kilemtʃe

chimenea (f)	очок	otʃok
candela (f)	шам	ʃam
candelero (m)	шамдал	ʃamdal

cortinas (f pl)	парда	parda
empapelado (m)	туш кагаз	tuʃ kagaz
estor (m) de láminas	жалюзи	dʒaldʒʉzi

lámpara (f) de mesa	стол чырагы	stol tʃıragı
candil (m)	чырак	tʃırak
lámpara (f) de pie	торшер	torʃer
lámpara (f) de araña	асма шам	asma ʃam

pata (f) (~ de la mesa)	бут	but
brazo (m)	чыканак такооч	tʃıkanak takootʃ
espaldar (m)	желөнгүч	dʒøløngytʃ
cajón (m)	суурма	suurma

90. Los accesorios de la cama

ropa (f) de cama	шейшеп	ʃejʃep
almohada (f)	жаздык	dʒazdık
funda (f)	жаздык кап	dʒazdık kap
manta (f)	жууркан	dʒuurkan
sábana (f)	шейшеп	ʃejʃep
sobrecama (f)	жапкыч	dʒapkıtʃ

91. La cocina

cocina (f)	ашкана	aʃkana
gas (m)	газ	gaz
cocina (f) de gas	газ плитасы	gaz plitası
cocina (f) eléctrica	электр плитасы	elektr plitası
horno (m)	духовка	duχovka
horno (m) microondas	микротолкун меши	mikrotolkun meʃi

frigorífico (m)	муздаткыч	muzdatkıtʃ
congelador (m)	тоңдургуч	toŋdurgutʃ
lavavajillas (m)	идиш жуучу машина	idiʃ dʒuutʃu maʃina

picadora (f) de carne	эт туурагыч	et tuuragıtʃ
exprimidor (m)	шире сыккыч	ʃire sıkkıtʃ
tostador (m)	тостер	toster
batidora (f)	миксер	mikser

cafetera (f) (aparato de cocina)	кофе кайнаткыч	kofe kajnatkıtʃ
cafetera (f) (para servir)	кофе кайнатуучу идиш	kofe kajnatuutʃu idiʃ
molinillo (m) de café	кофе майдалагыч	kofe majdalagıtʃ

hervidor (m) de agua	чайнек	tʃajnek
tetera (f)	чайнек	tʃajnek
tapa (f)	капкак	kapkak
colador (m) de té	чыпка	tʃıpka

cuchara (f)	кашык	kaʃık
cucharilla (f)	чай кашык	tʃaj kaʃık
cuchara (f) de sopa	аш кашык	aʃ kaʃık
tenedor (m)	вилка	vilka
cuchillo (m)	бычак	bıtʃak

vajilla (f)	идиш-аяк	idiʃ-ajak
plato (m)	табак	tabak
platillo (m)	табак	tabak

vaso (m) de chupito	рюмка	rʉmka
vaso (m) (~ de agua)	ыстакан	ıstakan
taza (f)	чөйчөк	tʃøjtʃøk

azucarera (f)	кум шекер салгыч	kum ʃeker salgıtʃ
salero (m)	туз салгыч	tuz salgıtʃ
pimentero (m)	мурч салгыч	murtʃ salgıtʃ
mantequera (f)	май салгыч	maj salgıtʃ

cacerola (f)	мискей	miskej
sartén (f)	табак	tabak
cucharón (m)	чөмүч	tʃømytʃ
colador (m)	депкир	depkir
bandeja (f)	батыныс	batınıs

botella (f)	бөтөлкө	bøtølkø
tarro (m) de vidrio	банка	banka
lata (f) de hojalata	банка	banka

abrebotellas (m)	ачкыч	atʃkıtʃ
abrelatas (m)	ачкыч	atʃkıtʃ
sacacorchos (m)	штопор	ʃtopor
filtro (m)	чыпка	tʃıpka
filtrar (vt)	чыпкалоо	tʃıpkaloo

basura (f)	таштанды	taʃtandı
cubo (m) de basura	таштанды чака	taʃtandı tʃaka

92. El baño

cuarto (m) de baño	ванная	vannaja
agua (f)	суу	suu
grifo (m)	чорго	tʃorgo
agua (f) caliente	ысык суу	ısık suu

agua (f) fría	муздак суу	muzdak suu
pasta (f) de dientes	тиш пастасы	tiʃ pastası
limpiarse los dientes	тиш жуу	tiʃ dʒuu
cepillo (m) de dientes	тиш щёткасы	tiʃ ʃtʃʲotkası

afeitarse (vr)	кырынуу	kırınuu
espuma (f) de afeitar	кырынуу үчүн көбүк	kırınuu ytʃyn købyk
maquinilla (f) de afeitar	устара	ustara

lavar (vt)	жуу	dʒuu
darse un baño	жуунуу	dʒuunuu
ducha (f)	душ	duʃ
darse una ducha	душка түшүү	duʃka tyʃyy

baño (m)	ванна	vanna
inodoro (m)	унитаз	unitaz
lavabo (m)	раковина	rakovina

| jabón (m) | самын | samın |
| jabonera (f) | самын салгыч | samın salgıtʃ |

esponja (f)	губка	gubka
champú (m)	шампунь	ʃampunʲ
toalla (f)	сүлгү	sylgy
bata (f) de baño	халат	χalat

colada (f), lavado (m)	кир жуу	kir dʒuu
lavadora (f)	кир жуучу машина	kir dʒuutʃu maʃina
lavar la ropa	кир жуу	kir dʒuu
detergente (m) en polvo	кир жуучу порошок	kir dʒuutʃu poroʃok

93. Los aparatos domésticos

televisor (m)	сыналгы	sınalgı
magnetófono (m)	магнитофон	magnitofon
vídeo (m)	видеомагнитофон	videomagnitofon
radio (f)	үналгы	ynalgı
reproductor (m) (~ MP3)	плеер	pleer

proyector (m) de vídeo	видеопроектор	videoproektor
sistema (m) home cinema	үй кинотеатры	yj kinoteatrı
reproductor (m) de DVD	DVD ойноткуч	dividi ojnotkutʃ
amplificador (m)	күчөткүч	kytʃøtkytʃ
videoconsola (f)	оюн приставкасы	ojɵn pristavkası

cámara (f) de vídeo	видеокамера	videokamera
cámara (f) fotográfica	фотоаппарат	fotoapparat
cámara (f) digital	санарип камерасы	sanarip kamerası

aspirador (m)	чаң соргуч	tʃaŋ sorgutʃ
plancha (f)	үтүк	ytyk
tabla (f) de planchar	үтүктөөчү тактай	ytyktøøtʃy taktaj
teléfono (m)	телефон	telefon
teléfono (m) móvil	мобилдик	mobildik

máquina (f) de escribir	машинка	maʃinka
máquina (f) de coser	кийим тигүүчү машинка	kijim tigyytʃy maʃinka

micrófono (m)	микрофон	mikrofon
auriculares (m pl)	кулакчын	kulaktʃin
mando (m) a distancia	пульт	pulʲt

CD (m)	CD, компакт-диск	sidi, kompakt-disk
casete (m)	кассета	kasseta
disco (m) de vinilo	пластинка	plastinka

94. Los arreglos. La renovación

renovación (f)	ремонт	remont
renovar (vt)	ремонт жасоо	remont dʒasoo
reparar (vt)	оңдоо	oŋdoo
poner en orden	иретке келтирүү	iretke keltiryy
rehacer (vt)	кайра жасатуу	kajra dʒasatuu

pintura (f)	сыр	sır
pintar (las paredes)	боео	boeo
pintor (m)	боекчу	boektʃu
brocha (f)	кисть	kistʲ

cal (f)	акиташ	akitaʃ
encalar (vt)	актоо	aktoo

empapelado (m)	туш кагаз	tuʃ kagaz
empapelar (vt)	туш кагаз менен чаптоо	tuʃ kagaz menen tʃaptoo
barniz (m)	лак	lak
cubrir con barniz	лак менен жабуу	lak menen dʒabuu

95. La plomería

agua (f)	суу	suu
agua (f) caliente	ысык суу	ısık suu
agua (f) fría	муздак суу	muzdak suu
grifo (m)	чорго	tʃorgo

gota (f)	тамчы	tamtʃı
gotear (el grifo)	тамчылоо	tamtʃıloo
gotear (cañería)	агуу	aguu
escape (f) de agua	суу өтүү	suu øtyy
charco (m)	көлчүк	køltʃyk

tubo (m)	түтүк	tytyk
válvula (f)	чорго	tʃorgo
estar atascado	тыгылуу	tıgıluu

instrumentos (m pl)	аспаптар	aspaptar
llave (f) inglesa	бурама ачкыч	burama atʃkıtʃ
destornillar (vt)	бурап чыгаруу	burap tʃıgaruu

atornillar (vt)	бурап бекитүү	burap bekityy
desatascar (vt)	тазалоо	tazaloo
fontanero (m)	сантехник	santeχnik
sótano (m)	жер асты	dʒer astı
alcantarillado (m)	канализация	kanalizatsija

96. El fuego. El Incendio

fuego (m)	өрт	ørt
llama (f)	жалын	dʒalın
chispa (f)	учкун	utʃkun
humo (m)	түтүн	tytyn
antorcha (f)	шамана	ʃamana
hoguera (f)	от	ot

gasolina (f)	күйүүчү май	kyjyytʃy may
queroseno (m)	керосин	kerosin
inflamable (adj)	күйүүчү	kyjyytʃy
explosivo (adj)	жарылуу коркунучу	dʒarıluu korkunutʃu
PROHIBIDO FUMAR	ТАМЕКИ ЧЕГҮҮГӨ БОЛБОЙТ!	tameki tʃegyygø bolbojt!

seguridad (f)	коопсуз	koopsuz
peligro (m)	коркунуч	korkunutʃ
peligroso (adj)	кооптуу	kooptuu

prenderse fuego	от алуу	ot aluu
explosión (f)	жарылуу	dʒarıluu
incendiar (vt)	өрттөө	ørttøø
incendiario (m)	өрттөөчү	ørttøøtʃy
incendio (m) provocado	өрттөө	ørttøø

estar en llamas	жалындап күйүү	dʒalındap kyjyy
arder (vi)	күйүү	kyjyy
incendiarse (vr)	күйүп кетүү	kyjyp ketyy

llamar a los bomberos	өрт өчүргүчтөрдү чакыруу	ørt øtʃyrgytʃtørdy tʃakıruu
bombero (m)	өрт өчүргүч	ørt øtʃyrgytʃ
coche (m) de bomberos	өрт өчүргүчү машина	ørt øtʃyrgytʃy maʃina
cuerpo (m) de bomberos	өрт өчүргүү командасы	ørt øtʃyrgyy komandası
escalera (f) telescópica	өрт өчүргүчү шаты	ørt øtʃyrgytʃy ʃatı

manguera (f)	шланг	ʃlang
extintor (m)	өрт өчүргүч	ørt øtʃyrgytʃ
casco (m)	каска	kaska
sirena (f)	сирена	sirena

gritar (vi)	айгай салуу	ajgaj saluu
pedir socorro	жардамга чакыруу	dʒardamga tʃakıruu
socorrista (m)	куткаруучу	kutkaruutʃu
salvar (vt)	куткаруу	kutkaruu
llegar (vi)	келүү	kelyy
apagar (~ el incendio)	өчүрүү	øtʃyryy

| agua (f) | суу | suu |
| arena (f) | кум | kum |

ruinas (f pl)	уранды	urandı
colapsarse (vr)	уроо	uroo
hundirse (vr)	кулоо	kuloo
derrumbarse (vr)	урап тушүү	urap tuʃyy

| trozo (m) (~ del muro) | сынык | sınık |
| ceniza (f) | күл | kyl |

| morir asfixiado | тумчугуу | tumʧuguu |
| perecer (vi) | өлүү | ølyy |

LAS ACTIVIDADES DE LA GENTE

El trabajo. Los negocios. Unidad 1

97. La banca

banco (m)	банк	bank
sucursal (f)	бөлүм	bölym
asesor (m) (~ fiscal)	кеңешчи	keŋeʃʧi
gerente (m)	башкаруучу	baʃkaruutʃu
cuenta (f)	эсеп	esep
numero (m) de la cuenta	эсеп номери	esep nomeri
cuenta (f) corriente	учурдагы эсеп	uʧurdagı esep
cuenta (f) de ahorros	топтолмо эсеп	toptolmo esep
abrir una cuenta	эсеп ачуу	esep atʃuu
cerrar la cuenta	эсеп жабуу	esep dʒabuu
ingresar en la cuenta	эсепке акча салуу	esepke aktʃa saluu
sacar de la cuenta	эсептен акча чыгаруу	esepten aktʃa ʧıgaruu
depósito (m)	аманат	amanat
hacer un depósito	аманат кылуу	amanat kıluu
giro (m) bancario	акча котортуу	aktʃa kotoruu
hacer un giro	акча котортуу	aktʃa kotoruu
suma (f)	сумма	summa
¿Cuánto?	Канча?	kantʃa?
firma (f) (nombre)	кол тамга	kol tamga
firmar (vt)	кол коюу	kol kojʉu
tarjeta (f) de crédito	насыя картасы	nasıja kartası
código (m)	код	kod
número (m) de tarjeta de crédito	насыя картанын номери	nasıja kartanın nomeri
cajero (m) automático	банкомат	bankomat
cheque (m)	чек	ʧek
sacar un cheque	чек жазып берүү	ʧek dʒazıp beryy
talonario (m)	чек китепчеси	ʧek kiteptʃesi
crédito (m)	насыя	nasıja
pedir el crédito	насыя үчүн кайрылуу	nasıja ytʃyn kajrıluu
obtener un crédito	насыя алуу	nasıja aluu
conceder un crédito	насыя берүү	nasıja beryy
garantía (f)	кепилдик	kepildik

98. El teléfono. Las conversaciones telefónicas

teléfono (m)	телефон	telefon
teléfono (m) móvil	мобилдик	mobildik
contestador (m)	автоматтык жооп берүүчү	avtomattık dʒoop beryytʃy
llamar, telefonear	чалуу	tʃaluu
llamada (f)	чакыруу	tʃakıruu
marcar un número	номер терүү	nomer teryy
¿Sí?, ¿Dígame?	Алло!	allo!
preguntar (vt)	суроо	suroo
responder (vi, vt)	жооп берүү	dʒoop beryy
oír (vt)	угуу	uguu
bien (adv)	жакшы	dʒakʃı
mal (adv)	жаман	dʒaman
ruidos (m pl)	ызы-чуу	ızı-tʃuu
auricular (m)	трубка	trubka
descolgar (el teléfono)	трубканы алуу	trubkanı aluu
colgar el auricular	трубканы коюу	trubkanı kojʉu
ocupado (adj)	бош эмес	boʃ emes
sonar (teléfono)	шыңгыроо	ʃıŋgıroo
guía (f) de teléfonos	телефондук китепче	telefonduk kiteptʃe
local (adj)	жергиликтүү	dʒergiliktyy
llamada (f) local	жергиликтүү чакыруу	dʒergiliktyy tʃakıruu
de larga distancia	шаар аралык	ʃaar aralık
llamada (f) de larga distancia	шаар аралык чакыруу	ʃaar aralık tʃakıruu
internacional (adj)	эл аралык	el aralık
llamada (f) internacional	эл аралык чакыруу	el aralık tʃakıruu

99. El teléfono celular

teléfono (m) móvil	мобилдик	mobildik
pantalla (f)	дисплей	displej
botón (m)	баскыч	baskıtʃ
tarjeta SIM (f)	SIM-карта	sim-karta
pila (f)	батарея	batareja
descargarse (vr)	зарядканын түгөнүүсү	zarʲadkanın tygønyysy
cargador (m)	заряддоочу шайман	zarʲaddootʃu ʃajman
menú (m)	меню	menʉ
preferencias (f pl)	орнотуулар	ornotuular
melodía (f)	обон	obon
seleccionar (vt)	тандоо	tandoo
calculadora (f)	калькулятор	kalʲkulʲator
contestador (m)	автоматтык жооп бергич	avtomattık dʒoop bergitʃ
despertador (m)	ойготкуч	ojgotkutʃ

contactos (m pl)	байланыштар	bajlanıʃtar
mensaje (m) de texto	SMS-кабар	esemes-kabar
abonado (m)	абонент	abonent

100. Los artículos de escritorio

| bolígrafo (m) | калем сап | kalem sap |
| pluma (f) estilográfica | калем уч | kalem uʧ |

lápiz (f)	карандаш	karandaʃ
marcador (m)	маркер	marker
rotulador (m)	фломастер	flomaster

| bloc (m) de notas | дептерче | depterʧe |
| agenda (f) | күндөлүк | kyndølyk |

regla (f)	сызгыч	sızgıʧ
calculadora (f)	калькулятор	kalʲkulʲator
goma (f) de borrar	өчүргүч	øʧyrgyʧ
chincheta (f)	кнопка	knopka
clip (m)	кыскыч	kıskıʧ

pegamento (m)	желим	dʒelim
grapadora (f)	степлер	stepler
perforador (m)	тешкич	teʃkiʧ
sacapuntas (m)	учтагыч	uʧtagıʧ

El trabajo. Los negocios. Unidad 2

101. Los medios masivos

periódico (m)	гезит	gezit
revista (f)	журнал	dʒurnal
prensa (f)	пресса	pressa
radio (f)	үналгы	ynalgı
estación (f) de radio	радио толкуну	radio tolkunu
televisión (f)	телекөрсөтүү	telekørsøtyy
presentador (m)	алып баруучу	alıp baruutʃu
presentador (m) de noticias	диктор	diktor
comentarista (m)	баяндамачы	bajandamatʃı
periodista (m)	журналист	dʒurnalist
corresponsal (m)	кабарчы	kabartʃı
corresponsal (m) fotográfico	фотокорреспондент	fotokorrespondent
reportero (m)	репортёр	reportʲor
redactor (m)	редактор	redaktor
redactor jefe (m)	башкы редактор	baʃkı redaktor
suscribirse (vr)	жазылуу	dʒazıluu
suscripción (f)	жазылуу	dʒazıluu
suscriptor (m)	жазылуучу	dʒazıluutʃu
leer (vi, vt)	окуу	okuu
lector (m)	окурман	okurman
tirada (f)	нуска	nuska
mensual (adj)	ай сайын	aj sajın
semanal (adj)	жума сайын	dʒuma sajın
número (m)	номер	nomer
nuevo (~ número)	жаңы	dʒaŋı
titular (m)	баш аты	baʃ atı
noticia (f)	кыскача макала	kıskatʃa makala
columna (f)	рубрика	rubrika
artículo (m)	макала	makala
página (f)	бет	bet
reportaje (m)	репортаж	reportadʒ
evento (m)	окуя	okuja
sensación (f)	дүң салуу	dyŋ saluu
escándalo (m)	жаңжал	dʒaŋdʒal
escandaloso (adj)	жаңжалчы	dʒaŋdʒaltʃı
gran (~ escándalo)	чуулгандуу	tʃuulganduu
emisión (f)	көрсөтүү	kørsøtyy
entrevista (f)	интервью	intervjʉ

| transmisión (f) en vivo | түз берүү | tyz beryy |
| canal (m) | канал | kanal |

102. La agricultura

agricultura (f)	дыйкан чарбачылык	dıjkan tʃarbatʃılık
campesino (m)	дыйкан	dıjkan
campesina (f)	дыйкан аял	dıjkan ajal
granjero (m)	фермер	fermer

| tractor (m) | трактор | traktor |
| cosechadora (f) | комбайн | kombajn |

arado (m)	соко	soko
arar (vi, vt)	жер айдоо	dʒer ajdoo
labrado (m)	айдоо жер	ajdoo dʒer
surco (m)	жөөк	dʒøøk

sembrar (vi, vt)	себүү	sebyy
sembradora (f)	сеялка	sejalka
siembra (f)	эгүү	egyy

| guadaña (f) | чалгы | tʃalgı |
| segar (vi, vt) | чабуу | tʃabuu |

| pala (f) | күрөк | kyrøk |
| layar (vt) | казуу | kazuu |

azada (f)	кетмен	ketmen
sachar, escardar	отоо	otoo
mala hierba (f)	отоо чөп	otoo tʃøp

regadera (f)	гүл челек	gyl tʃelek
regar (plantas)	сугаруу	sugaruu
riego (m)	сугат	sugat

| horquilla (f) | айры | ajrı |
| rastrillo (m) | тырмоо | tırmoo |

fertilizante (m)	жер семирткич	dʒer semirtkitʃ
abonar (vt)	жер семиртүү	dʒer semirtyy
estiércol (m)	кык	kık

campo (m)	талаа	talaa
prado (m)	шалбаа	ʃalbaa
huerta (f)	чарбак	tʃarbak
jardín (m)	бакча	baktʃa

pacer (vt)	жаюу	dʒadʒuu
pastor (m)	чабан	tʃaban
pastadero (m)	жайыт	dʒajıt

| ganadería (f) | мал чарбачылык | mal tʃarbatʃılık |
| cría (f) de ovejas | кой чарбачылык | koj tʃarbatʃılık |

plantación (f)	плантация	plantatsija
hilera (f) (~ de cebollas)	жөөк	dʒøøk
invernadero (m)	күнөскана	kynøskana

| sequía (f) | кургакчылык | kurgaktʃılık |
| seco, árido (adj) | кургак | kurgak |

grano (m)	дан эгиндери	dan eginderi
cereales (m pl)	дан эгиндери	dan eginderi
recolectar (vt)	чаап алуу	tʃaap aluu

molinero (m)	тегирменчи	tegirmentʃi
molino (m)	тегирмен	tegirmen
moler (vt)	майдалоо	majdaloo
harina (f)	ун	un
paja (f)	саман	saman

103. La construcción. Los métodos de construcción

obra (f)	курулуш	kuruluʃ
construir (vt)	куруу	kuruu
albañil (m)	куруучу	kuruutʃu

proyecto (m)	долбоор	dolboor
arquitecto (m)	архитектор	arχitektor
obrero (m)	жумушчу	dʒumuʃtʃu

cimientos (m pl)	пайдубал	pajdubal
techo (m)	чатыр	tʃatır
pila (f) de cimentación	казык	kazık
muro (m)	дубал	dubal

| armadura (f) | арматура | armatura |
| andamio (m) | куруучу тепкичтер | kuruutʃu tepkitʃter |

hormigón (m)	бетон	beton
granito (m)	гранит	granit
piedra (f)	таш	taʃ
ladrillo (m)	кыш	kıʃ

arena (f)	кум	kum
cemento (m)	цемент	tsement
estuco (m)	шыбак	ʃıbak
estucar (vt)	шыбоо	ʃıboo

pintura (f)	сыр	sır
pintar (las paredes)	боео	boeo
barril (m)	бочка	botʃka

grúa (f)	кран	kran
levantar (vt)	көтөрүү	køtøryy
bajar (vt)	түшүрүү	tyʃyryy
bulldózer (m)	бульдозер	bulʲdozer
excavadora (f)	экскаватор	ekskavator

cuchara (f)	ковш	kovʃ
cavar (vt)	казуу	kazuu
casco (m)	каска	kaska

Las profesiones y los oficios

104. La búsqueda de trabajo. El despido del trabajo

trabajo (m)	иш	iʃ
empleados (pl)	жамаат	dʒamaat
personal (m)	жамаат курамы	dʒamaat kuramı
carrera (f)	мансап	mansap
perspectiva (f)	перспектива	perspektiva
maestría (f)	чеберчилик	ʧeberʧilik
selección (f)	тандоо	tandoo
agencia (f) de empleo	кадрдык агенттиги	kadrdık agenttigi
curriculum vitae (m)	таржымал	tardʒımal
entrevista (f)	аңгемелешүү	aŋgemeleʃyy
vacancia (f)	жумуш орун	dʒumuʃ orun
salario (m)	эмгек акы	emgek akı
salario (m) fijo	маяна	majana
remuneración (f)	акысын төлөө	akısın tøløø
puesto (m) (trabajo)	кызмат орун	kızmat orun
deber (m)	милдет	mildet
gama (f) de deberes	милдеттенмелер	mildettenmeler
ocupado (adj)	бош эмес	boʃ emes
despedir (vt)	бошотуу	boʃotuu
despido (m)	бошотуу	boʃotuu
desempleo (m)	жумушсуздук	dʒumuʃsuzduk
desempleado (m)	жумушсуз	dʒumuʃsuz
jubilación (f)	бааракы	baarakı
jubilarse	ардактуу эс алууга чыгуу	ardaktuu es aluuga ʧıguu

105. Los negociantes

director (m)	директор	direktor
gerente (m)	башкаруучу	baʃkaruuʧu
jefe (m)	башкаруучу	baʃkaruuʧu
superior (m)	башчы	baʃʧı
superiores (m pl)	башчылар	baʃʧılar
presidente (m)	президент	prezident
presidente (m) (de compañía)	төрага	tøraga
adjunto (m)	орун басар	orun basar
asistente (m)	жардамчы	dʒardamʧı

| secretario, -a (m, f) | катчы | kattʃı |
| secretario (m) particular | жеке катчы | dʒeke kattʃı |

hombre (m) de negocios	бизнесмен	biznesmen
emprendedor (m)	ишкер	iʃker
fundador (m)	негиздөөчү	negizdøøtʃy
fundar (vt)	негиздөө	negizdøø

institutor (m)	уюмдаштыруучу	ujɯmdaʃtıruutʃu
compañero (m)	өнөктөш	ønøktøʃ
accionista (m)	акция кармоочу	aktsija karmootʃu

millonario (m)	миллионер	millioner
multimillonario (m)	миллиардер	milliarder
propietario (m)	ээси	eesi
terrateniente (m)	жер ээси	dʒer eesi

cliente (m)	кардар	kardar
cliente (m) habitual	туруктуу кардар	turuktuu kardar
comprador (m)	сатып алуучу	satıp aluutʃu
visitante (m)	келүүчү	kelyytʃy

profesional (m)	кесипкөй	kesipkøj
experto (m)	ишбилги	iʃbilgi
especialista (m)	адис	adis

| banquero (m) | банкир | bankir |
| broker (m) | далдалчы | daldaltʃı |

cajero (m)	кассир	kassir
contable (m)	бухгалтер	buχgalter
guardia (m) de seguridad	кароолчу	karooltʃu

inversionista (m)	салым кошуучу	salım koʃuutʃu
deudor (m)	карыздар	karızdar
acreedor (m)	насыя алуучу	nasıja aluutʃu
prestatario (m)	карызга алуучу	karızga aluutʃu

| importador (m) | импорттоочу | importtootʃu |
| exportador (m) | экспорттоочу | eksporttootʃu |

productor (m)	өндүрүүчү	øndyryytʃy
distribuidor (m)	дистрибьютор	distribjɯtor
intermediario (m)	ортомчу	ortomtʃu

asesor (m) (~ fiscal)	кеңешчи	keŋeʃtʃi
representante (m)	сатуу агенти	satuu agenti
agente (m)	агент	agent
agente (m) de seguros	камсыздандыруучу агент	kamsızdandıruutʃu agent

106. Los trabajos de servicio

| cocinero (m) | ашпозчу | aʃpoztʃu |
| jefe (m) de cocina | башкы ашпозчу | baʃkı aʃpoztʃu |

panadero (m)	навайчы	navajtʃı
barman (m)	бармен	barmen
camarero (m)	официант	ofitsiant
camarera (f)	официант кыз	ofitsiant kız

abogado (m)	жактоочу	dʒaktootʃu
jurista (m)	юрист	jʉrist
notario (m)	нотариус	notarius

electricista (m)	электрик	elektrik
fontanero (m)	сантехник	santeχnik
carpintero (m)	жыгач уста	dʒıgatʃ usta

masajista (m)	укалоочу	ukalootʃu
masajista (f)	укалоочу	ukalootʃu
médico (m)	доктур	doktur

taxista (m)	такси айдоочу	taksi ajdootʃu
chófer (m)	айдоочу	ajdootʃu
repartidor (m)	жеткирүүчү	dʒetkiryytʃy

camarera (f)	үй кызматкери	yj kızmatkeri
guardia (m) de seguridad	кароолчу	karooltʃu
azafata (f)	стюардесса	stʉardessa

profesor (m) (~ de baile, etc.)	мугалим	mugalim
bibliotecario (m)	китепканачы	kitepkanatʃı
traductor (m)	котормочу	kotormotʃu
intérprete (m)	оозеки котормочу	oozeki kotormotʃu
guía (m)	гид	gid

peluquero (m)	чач тарач	tʃatʃ taratʃ
cartero (m)	кат ташуучу	kat taʃuutʃu
vendedor (m)	сатуучу	satuutʃu

jardinero (m)	багбанчы	bagbantʃı
servidor (m)	үй кызматчы	yj kızmattʃı
criada (f)	үй кызматчы аял	yj kızmattʃı ajal
mujer (f) de la limpieza	тазалагыч	tazalagıtʃ

107. La profesión militar y los rangos

soldado (m) raso	катардагы жоокер	katardagı dʒooker
sargento (m)	сержант	serdʒant
teniente (m)	лейтенант	lejtenant
capitán (m)	капитан	kapitan

mayor (m)	майор	major
coronel (m)	полковник	polkovnik
general (m)	генерал	general
mariscal (m)	маршал	marʃal
almirante (m)	адмирал	admiral
militar (m)	аскер кызматчысы	asker kızmattʃısı
soldado (m)	аскер	asker

| oficial (m) | офицер | ofitser |
| comandante (m) | командир | komandir |

guardafronteras (m)	чек арачы	tʃek aratʃı
radio-operador (m)	радист	radist
explorador (m)	чалгынчы	tʃalgıntʃı
zapador (m)	сапёр	sapʲor
tirador (m)	аткыч	atkıtʃ
navegador (m)	штурман	ʃturman

108. Los oficiales. Los sacerdotes

| rey (m) | король, падыша | korolʲ, padıʃa |
| reina (f) | ханыша | χanıʃa |

| príncipe (m) | канзаада | kanzaada |
| princesa (f) | ханбийке | χanbijke |

| zar (m) | падыша | padıʃa |
| zarina (f) | ханыша | χanıʃa |

presidente (m)	президент	prezident
ministro (m)	министр	ministr
primer ministro (m)	премьер-министр	premjer-ministr
senador (m)	сенатор	senator

diplomático (m)	дипломат	diplomat
cónsul (m)	консул	konsul
embajador (m)	элчи	eltʃi
consejero (m)	кеңешчи	keŋeʃtʃi

funcionario (m)	аткаминер	atkaminer
prefecto (m)	префект	prefekt
alcalde (m)	мэр	mer

| juez (m) | сот | sot |
| fiscal (m) | прокурор | prokuror |

misionero (m)	миссионер	missioner
monje (m)	кечил	ketʃil
abad (m)	аббат	abbat
rabino (m)	раввин	ravvin

visir (m)	визирь	vizirʲ
sha (m), shah (m)	шах	ʃaχ
jeque (m)	шейх	ʃejχ

109. Las profesiones agrícolas

apicultor (m)	балчы	baltʃı
pastor (m)	чабан	tʃaban
agrónomo (m)	агроном	agronom

| ganadero (m) | малчы | malʧı |
| veterinario (m) | мал доктуру | mal dokturu |

granjero (m)	фермер	fermer
vinicultor (m)	вино жасоочу	vino dʒasootʃu
zoólogo (m)	зоолог	zoolog
cowboy (m)	ковбой	kovboj

110. Las profesiones artísticas

| actor (m) | актёр | aktʲor |
| actriz (f) | актриса | aktrisa |

| cantante (m) | ырчы | ırʧı |
| cantante (f) | ырчы кыз | ırʧı kız |

| bailarín (m) | бийчи жигит | bijʧi dʒigit |
| bailarina (f) | бийчи кыз | bijʧi kız |

| artista (m) | аткаруучу | atkaruutʃu |
| artista (f) | аткаруучу | atkaruutʃu |

músico (m)	музыкант	muzıkant
pianista (m)	пианист	pianist
guitarrista (m)	гитарист	gitarist

director (m) de orquesta	дирижёр	diridʒʲor
compositor (m)	композитор	kompozitor
empresario (m)	импресарио	impresario

director (m) de cine	режиссёр	redʒissʲor
productor (m)	продюсер	produser
guionista (m)	сценарист	stsenarist
crítico (m)	сынчы	sınʧı

escritor (m)	жазуучу	dʒazuutʃu
poeta (m)	акын	akın
escultor (m)	бедизчи	bedizʧi
pintor (m)	сүрөтчү	syrøtʧy

malabarista (m)	жонглёр	dʒonglʲor
payaso (m)	маскарапоз	maskarapoz
acróbata (m)	акробат	akrobat
ilusionista (m)	көз боечу	køz boeʧu

111. Profesiones diversas

médico (m)	доктур	doktur
enfermera (f)	медсестра	medsestra
psiquiatra (m)	психиатр	psiχiatr
estomatólogo (m)	тиш доктур	tiʃ doktur
cirujano (m)	хирург	χirurg

astronauta (m)	астронавт	astronavt
astrónomo (m)	астроном	astronom
piloto (m)	учкуч	utʃkutʃ

conductor (m) (chófer)	айдоочу	ajdootʃu
maquinista (m)	машинист	maʃinist
mecánico (m)	механик	meχanik

minero (m)	кенчи	kentʃi
obrero (m)	жумушчу	dʒumuʃtʃu
cerrajero (m)	слесарь	slesarʲ
carpintero (m)	жыгач уста	dʒɯgatʃ usta
tornero (m)	токарь	tokarʲ
albañil (m)	куруучу	kuruutʃu
soldador (m)	ширеткич	ʃiretkitʃ

profesor (m) (título)	профессор	professor
arquitecto (m)	архитектор	arχitektor
historiador (m)	тарыхчы	tarɯχtʃɯ
científico (m)	илимпоз	ilimpoz
físico (m)	физик	fizik
químico (m)	химик	χimik

arqueólogo (m)	археолог	arχeolog
geólogo (m)	геолог	geolog
investigador (m)	изилдөөчү	izildøøtʃy

niñera (f)	бала баккыч	bala bakkɯtʃ
pedagogo (m)	мугалим	mugalim

redactor (m)	редактор	redaktor
redactor jefe (m)	башкы редактор	baʃkɯ redaktor
corresponsal (m)	кабарчы	kabartʃɯ
mecanógrafa (f)	машинистка	maʃinistka

diseñador (m)	дизайнер	dizajner
especialista (m) en ordenadores	компьютер адиси	kompjüter adisi
programador (m)	программист	programmist
ingeniero (m)	инженер	indʒener

marino (m)	деңизчи	deŋiztʃi
marinero (m)	матрос	matros
socorrista (m)	куткаруучу	kutkaruutʃu

bombero (m)	өрт өчүргүч	ørt øtʃyrgytʃ
policía (m)	полиция кызматкери	politsija kɯzmatkeri
vigilante (m) nocturno	кароолчу	karooltʃu
detective (m)	аңдуучу	aŋduutʃu

aduanero (m)	бажы кызматкери	badʒɯ kɯzmatkeri
guardaespaldas (m)	жан сакчы	dʒan saktʃɯ
guardia (m) de prisiones	күзөтчү	kyzøttʃy
inspector (m)	инспектор	inspektor
deportista (m)	спортчу	sporttʃu
entrenador (m)	машыктыруучу	maʃɯktɯruutʃu

carnicero (m)	касапчы	kasapʧı
zapatero (m)	өтүкчү	øtykʧy
comerciante (m)	жеке соодагер	dʒeke soodager
cargador (m)	жүк ташуучу	dʒyk taʃuuʧu

| diseñador (m) de modas | модельер | modeljer |
| modelo (f) | модель | modelʲ |

112. Los trabajos. El estatus social

| escolar (m) | окуучу | okuuʧu |
| estudiante (m) | студент | student |

filósofo (m)	философ	filosof
economista (m)	экономист	ekonomist
inventor (m)	ойлоп табуучу	ojlop tabuuʧu

desempleado (m)	жумушсуз	dʒumuʃsuz
jubilado (m)	бааргер	baarger
espía (m)	тыңчы	tıŋʧı

prisionero (m)	камактагы адам	kamaktagı adam
huelguista (m)	иш калтыргыч	iʃ kaltırgıʧ
burócrata (m)	бюрократ	bʉrokrat
viajero (m)	саякатчы	sajakatʧı

homosexual (m)	гомосексуалист	gomoseksualist
hacker (m)	хакер	χaker
hippie (m)	хиппи	χippi

bandido (m)	ууру-кески	uuru-keski
sicario (m)	жалданма киши өлтүргүч	dʒaldanma kiʃi øltyrgyʧ
drogadicto (m)	баңги	baŋgi
narcotraficante (m)	баңгизат сатуучу	baŋgizat satuuʧu
prostituta (f)	сойку	sojku
chulo (m), proxeneta (m)	жан бакты	dʒan baktı

brujo (m)	жадыгөй	dʒadıgøj
bruja (f)	жадыгөй	dʒadıgøj
pirata (m)	деңиз каракчысы	deŋiz karakʧısı
esclavo (m)	кул	kul
samurai (m)	самурай	samuraj
salvaje (m)	жапайы	dʒapajı

Los deportes

113. Tipos de deportes. Deportistas

deportista (m)	спортчу	sporttʃu
tipo (m) de deporte	спорттун түрү	sporttun tyry
baloncesto (m)	баскетбол	basketbol
baloncestista (m)	баскетбол ойноочу	basketbol ojnootʃu
béisbol (m)	бейсбол	bejsbol
beisbolista (m)	бейсбол ойноочу	bejsbol ojnootʃu
fútbol (m)	футбол	futbol
futbolista (m)	футбол ойноочу	futbol ojnootʃu
portero (m)	дарбазачы	darbazatʃı
hockey (m)	хоккей	χokkej
jugador (m) de hockey	хоккей ойноочу	χokkej ojnootʃu
voleibol (m)	волейбол	volejbol
voleibolista (m)	волейбол ойноочу	volejbol ojnootʃu
boxeo (m)	бокс	boks
boxeador (m)	бокс мушташуучу	boks muʃtaʃuutʃu
lucha (f)	күрөш	kyrøʃ
luchador (m)	күрөшчү	kyrøʃtʃy
kárate (m)	карате	karate
karateka (m)	карате мушташуучу	karate muʃtaʃuutʃu
judo (m)	дзюдо	dzʉdo
judoka (m)	дзюдо чалуучу	dzʉdo tʃaluutʃu
tenis (m)	теннис	tennis
tenista (m)	теннис ойноочу	tennis ojnootʃu
natación (f)	сүзүү	syzyy
nadador (m)	сүзүүчү	syzyytʃy
esgrima (f)	кылычташуу	kılıtʃtaʃuu
esgrimidor (m)	кылычташуучу	kılıtʃtaʃuutʃu
ajedrez (m)	шахмат	ʃaχmat
ajedrecista (m)	шахмат ойноочу	ʃaχmat ojnootʃu
alpinismo (m)	альпинизм	alʲpinizm
alpinista (m)	альпинист	alʲpinist
carrera (f)	чуркоо	tʃurkoo

corredor (m)	жөө күлүк	dʒøø kylyk
atletismo (m)	жеңил атлетика	dʒeŋil atletika
atleta (m)	атлет	atlet

deporte (m) hípico	ат спорту	at sportu
jinete (m)	чабандес	ʧabandes

patinaje (m) artístico	муз бийи	muz biji
patinador (m)	муз бийчи	muz bijʧi
patinadora (f)	муз бийчи	muz bijʧi

levantamiento (m) de pesas	оор атлетика	oor atletika
levantador (m) de pesos	оор атлет	oor atlet

carreras (f pl) de coches	авто жарыш	avto dʒarıʃ
piloto (m) de carreras	гонщик	gonʃʧik

ciclismo (m)	велоспорт	velosport
ciclista (m)	велосипед тебүүчү	velosiped tebyyʧy

salto (m) de longitud	узундукка секирүү	uzundukka sekiryy
salto (m) con pértiga	шырык менен секирүү	ʃırık menen sekiryy
saltador (m)	секирүүчү	sekiryyʧy

114. Tipos de deportes. Miscelánea

fútbol (m) americano	американский футбол	amerikanskij futbol
bádminton (m)	бадминтон	badminton
biatlón (m)	биатлон	biatlon
billar (m)	бильярд	biljard

bobsleigh (m)	бобслей	bobslej
culturismo (m)	бодибилдинг	bodibilding
waterpolo (m)	суу полосу	suu polosu
balonmano (m)	гандбол	gandbol
golf (m)	гольф	golʲf

remo (m)	калакты уруу	kalaktı uruu
buceo (m)	сууга чөмүүчү	suuga ʧømyyʧy
esquí (m) de fondo	чаңгы жарышы	ʧaŋgı dʒarıʃı
tenis (m) de mesa	стол тенниси	stol tennisi

vela (f)	парус астында сызуу	parus astında sızuu
rally (m)	ралли	ralli
rugby (m)	регби	regbi
snowboarding (m)	сноуборд	snoubord
tiro (m) con arco	жаа атуу	dʒaa atuu

115. El gimnasio

barra (f) de pesas	штанга	ʃtanga
pesas (f pl)	гантелдер	gantelder

aparato (m) de ejercicios	машыгуу машине	maʃiguu maʃine
bicicleta (f) estática	велотренажёр	velotrenadʒʲor
cinta (f) de correr	тегеретме	tegeretme

barra (f) fija	көпүрө жыгач	køpyrø dʒɪgatʃ
barras (f pl) paralelas	брусдар	brusdar
potro (m)	ат	at
colchoneta (f)	мат	mat

comba (f)	секиргич	sekirgitʃ
aeróbica (f)	аэробика	aerobika
yoga (m)	йога	joga

116. Los deportes. Miscelánea

Juegos (m pl) Olímpicos	Олимпиада Оюндары	olimpiada ojʉndarɪ
vencedor (m)	жеңүүчү	dʒeŋyytʃy
vencer (vi)	жеңүү	dʒeŋyy
ganar (vi)	утуу	utuu

| líder (m) | топ башы | top baʃɪ |
| llevar la delantera | топ башында болуу | top baʃɪnda boluu |

primer puesto (m)	биринчи орун	birintʃi orun
segundo puesto (m)	экинчи орун	ekintʃi orun
tercer puesto (m)	үчүнчү орун	ytʃyntʃy orun

medalla (f)	медаль	medalʲ
trofeo (m)	трофей	trofej
copa (f) (trofeo)	кубок	kubok
premio (m)	байге	bajge
premio (m) principal	баш байге	baʃ bajge

| record (m) | рекорд | rekord |
| establecer un record | рекорд коюу | rekord kojʉu |

| final (m) | финал | final |
| de final (adj) | финалдык | finaldɪk |

| campeón (m) | чемпион | tʃempion |
| campeonato (m) | чемпионат | tʃempionat |

estadio (m)	стадион	stadion
gradería (f)	трибуна	tribuna
hincha (m)	күйөрман	kyjørman
adversario (m)	каршылаш	karʃɪlaʃ

| arrancadero (m) | старт | start |
| línea (f) de meta | маара | maara |

derrota (f)	утулуу	utuluu
perder (vi)	жеңилүү	dʒeŋilyy
árbitro (m)	судья	sudja
jurado (m)	калыстар	kalɪstar

cuenta (f)	эсеп	esep
empate (m)	теңме-теӊ	teŋme-teŋ
empatar (vi)	теңме-теӊ бүтүрүү	teŋme-teŋ bytyryy
punto (m)	упай	upaj
resultado (m)	натыйжа	natıjʤa
tiempo (m)	убак	ubak
descanso (m)	тыныгуу	tınıguu
droga (f), doping (m)	допинг	doping
penalizar (vt)	жазалоо	ʤazaloo
descalificar (vt)	дисквалификциялоо	diskvalifitsijaloo
aparato (m)	снаряд	snarʲad
jabalina (f)	найза	najza
peso (m) (lanzamiento de ~)	ядро	jadro
bola (f) (billar, etc.)	бильярд шары	biljard ʃarı
objetivo (m)	бута	buta
blanco (m)	бута	buta
tirar (vi)	атуу	atuu
preciso (~ disparo)	таамай	taamaj
entrenador (m)	машыктыруучу	maʃıktıruutʃu
entrenar (vt)	машыктыруу	maʃıktıruu
entrenarse (vr)	машыгуу	maʃıguu
entrenamiento (m)	машыгуу	maʃıguu
gimnasio (m)	спортзал	sportzal
ejercicio (m)	көнүгүү	kønygyy
calentamiento (m)	дене кериүү	dene keryy

La educación

117. La escuela

escuela (f)	мектеп	mektep
director (m) de escuela	мектеп директору	mektep direktoru
alumno (m)	окуучу бала	okuuʧu bala
alumna (f)	окуучу кыз	okuuʧu kız
escolar (m)	окуучу	okuuʧu
escolar (f)	окуучу кыз	okuuʧu kız
enseñar (vt)	окутуу	okutuu
aprender (ingles, etc.)	окуу	okuu
aprender de memoria	жаттоо	dʒattoo
aprender (a leer, etc.)	үйрөнүү	yjrønyy
estar en la escuela	мектепке баруу	mektepke baruu
ir a la escuela	окууга баруу	okuuga baruu
alfabeto (m)	алфавит	alfavit
materia (f)	сабак	sabak
clase (f), aula (f)	класс	klass
lección (f)	сабак	sabak
recreo (m)	танапис	tanapis
campana (f)	коңгуроо	koŋguroo
pupitre (m)	парта	parta
pizarra (f)	такта	takta
nota (f)	баа	baa
buena nota (f)	жакшы баа	dʒakʃı baa
mala nota (f)	жаман баа	dʒaman baa
poner una nota	баа коюу	baa kojʉu
falta (f)	ката	kata
hacer faltas	ката кетирүү	kata ketiryy
corregir (un error)	түзөтүү	tyzøtyy
chuleta (f)	шпаргалка	ʃpargalka
deberes (m pl) de casa	үй иши	yj iʃi
ejercicio (m)	көнүгүү	kønygyy
estar presente	катышуу	katıʃuu
estar ausente	келбей калуу	kelbej kaluu
faltar a las clases	сабактарды калтыруу	sabaktardı kaltıruu
castigar (vt)	жазалоо	dʒazaloo
castigo (m)	жаза	dʒaza
conducta (f)	жүрүм-турум	dʒyrym-turum

libreta (f) de notas	күндөлүк	kyndølyk
lápiz (f)	карандаш	karandaʃ
goma (f) de borrar	өчүргүч	øtʃyrgytʃ
tiza (f)	бор	bor
cartuchera (f)	калем салгыч	kalem salgɪtʃ

mochila (f)	портфель	portfelʲ
bolígrafo (m)	калем сап	kalem sap
cuaderno (m)	дептер	depter
manual (m)	китеп	kitep
compás (m)	циркуль	tsɪrkulʲ

| trazar (vi, vt) | чийүү | tʃijyy |
| dibujo (m) técnico | чийме | tʃijme |

poema (m), poesía (f)	ыр сап	ɪr sap
de memoria (adv)	жатка	dʒatka
aprender de memoria	жаттоо	dʒattoo

vacaciones (f pl)	эс алуу	es aluu
estar de vacaciones	эс алууда болуу	es aluuda boluu
pasar las vacaciones	эс алууну өткөзүү	es aluunu øtkøzyy

prueba (f) escrita	текшерүү иш	tøkʃeryy iʃ
composición (f)	дил баян	dil bajan
dictado (m)	жат жаздыруу	dʒat dʒazdɪruu
examen (m)	экзамен	ekzamen
hacer un examen	экзамен тапшыруу	ekzamen tapʃiruu
experimento (m)	тажрыйба	tadʒrɪjba

118. Los institutos. La Universidad

academia (f)	академия	akademija
universidad (f)	университет	universitet
facultad (f)	факультет	fakulʲtet

estudiante (m)	студент бала	student bala
estudiante (f)	студент кыз	student kɪz
profesor (m)	мугалим	mugalim

| aula (f) | дарскана | darskana |
| graduado (m) | окуу жайды бүтүрүүчү | okuu dʒajdɪ bytyryytʃy |

| diploma (m) | диплом | diplom |
| tesis (f) de grado | диссертация | dissertatsija |

| estudio (m) | изилдөө | izildøø |
| laboratorio (m) | лаборатория | laboratorija |

| clase (f) | лекция | lektsija |
| compañero (m) de curso | курсташ | kurstaʃ |

| beca (f) | стипендия | stipendija |
| grado (m) académico | илимий даража | ilimij daradʒa |

119. Las ciencias. Las disciplinas

matemáticas (f pl)	математика	matematika
álgebra (f)	алгебра	algebra
geometría (f)	геометрия	geometrija
astronomía (f)	астрономия	astronomija
biología (f)	биология	biologija
geografía (f)	география	geografija
geología (f)	геология	geologija
historia (f)	тарых	tarıχ
medicina (f)	медицина	meditsina
pedagogía (f)	педагогика	pedagogika
derecho (m)	укук	ukuk
física (f)	физика	fizika
química (f)	химия	χimija
filosofía (f)	философия	filosofija
psicología (f)	психология	psiχologija

120. Los sistemas de escritura. La ortografía

gramática (f)	грамматика	grammatika
vocabulario (m)	лексика	leksika
fonética (f)	фонетика	fonetika
sustantivo (m)	зат атооч	zat atootʃ
adjetivo (m)	сын атооч	sın atootʃ
verbo (m)	этиш	etiʃ
adverbio (m)	тактооч	taktootʃ
pronombre (m)	ат атооч	at atootʃ
interjección (f)	сырдык сөз	sırdık søz
preposición (f)	препозиция	prepozitsija
raíz (f), radical (m)	сөздүн уңгусу	søzdyn uŋgusu
desinencia (f)	жалгоо	dʒalgoo
prefijo (m)	префикс	prefiks
sílaba (f)	муун	muun
sufijo (m)	суффикс	suffiks
acento (m)	басым	basım
apóstrofo (m)	апостроф	apostrof
punto (m)	чекит	tʃekit
coma (f)	үтүр	ytyr
punto y coma	чекитүү үтүр	tʃekityy ytyr
dos puntos (m pl)	кош чекит	koʃ tʃekit
puntos (m pl) suspensivos	көп чекит	køp tʃekit
signo (m) de interrogación	суроо белгиси	suroo belgisi
signo (m) de admiración	илеп белгиси	ilep belgisi

comillas (f pl)	тырмакча	tırmaktʃa
entre comillas	тырмакчага алынган	tırmaktʃaga alıngan
paréntesis (m)	кашаа	kaʃaa
entre paréntesis	кашаага алынган	kaʃaaga alıngan

guión (m)	дефис	defis
raya (f)	тире	tire
blanco (m)	аралык	aralık

| letra (f) | тамга | tamga |
| letra (f) mayúscula | баш тамга | baʃ tamga |

| vocal (f) | үндүү тыбыш | yndyy tıbıʃ |
| consonante (m) | үнсүз тыбыш | ynsyz tıbıʃ |

oración (f)	сүйлөм	syjløm
sujeto (m)	сүйлөмдүн ээси	syjlømdyn eesi
predicado (m)	баяндооч	bajandootʃ

línea (f)	сап	sap
en una nueva línea	жаңы сап	dʒaŋı sap
párrafo (m)	абзац	abzats

palabra (f)	сөз	søz
combinación (f) de palabras	сөз айкашы	søz ajkaʃı
expresión (f)	туюнтма	tujʉntma
sinónimo (m)	синоним	sinonim
antónimo (m)	антоним	antonim

regla (f)	эреже	eredʒe
excepción (f)	чектен чыгаруу	tʃekten tʃıgaruu
correcto (adj)	туура	tuura

conjugación (f)	жактоо	dʒaktoo
declinación (f)	жөндөлүш	dʒøndølyʃ
caso (m)	жөндөмө	dʒøndømø
pregunta (f)	суроо	suroo
subrayar (vt)	баса белгилөө	basa belgiløø
línea (f) de puntos	пунктир	punktir

121. Los idiomas extranjeros

lengua (f)	тил	til
extranjero (adj)	чет	tʃet
lengua (f) extranjera	чет тил	tʃet til
estudiar (vt)	окуу	okuu
aprender (ingles, etc.)	үйрөнүү	yjrønyy

leer (vi, vt)	окуу	okuu
hablar (vi, vt)	сүйлөө	syjløø
comprender (vt)	түшүнүү	tyʃynyy
escribir (vt)	жазуу	dʒazuu
rápidamente (adv)	тез	tez
lentamente (adv)	жай	dʒaj

con fluidez (adv)	эркин	erkin
reglas (f pl)	эрежелер	eredʒeler
gramática (f)	грамматика	grammatika
vocabulario (m)	лексика	leksika
fonética (f)	фонетика	fonetika

manual (m)	китеп	kitep
diccionario (m)	сөздүк	søzdyk
manual (m) autodidáctico	өзү үйрөткүч	øzy yjrøtkytʃ
guía (f) de conversación	тилачар	tilatʃar

casete (m)	кассета	kasseta
videocasete (f)	видеокассета	videokasseta
CD (m)	CD, компакт-диск	sidi, kompakt-disk
DVD (m)	DVD-диск	dividi-disk

alfabeto (m)	алфавит	alfavit
deletrear (vt)	эжелеп айтуу	edʒelep ajtuu
pronunciación (f)	айтылышы	ajtɪlɪʃɪ

acento (m)	акцент	aktsent
con acento	акцент менен	aktsent menen
sin acento	акцентсиз	aktsentsiz

| palabra (f) | сөз | søz |
| significado (m) | маани | maani |

cursos (m pl)	курстар	kurstar
inscribirse (vr)	курска жазылуу	kurska dʒazɪluu
profesor (m) (~ de inglés)	окутуучу	okutuutʃu

traducción (f) (proceso)	котору	kotoruu
traducción (f) (texto)	котормо	kotormo
traductor (m)	котормочу	kotormotʃu
intérprete (m)	оозеки котормочу	oozeki kotormotʃu

| políglota (m) | полиглот | poliglot |
| memoria (f) | эс тутум | es tutum |

122. Los personajes de los cuentos de hadas

Papá Noel (m)	Санта Клаус	santa klaus
Cenicienta	Кулала кыз	kylala kɪz
sirena (f)	суу периси	suu perisi
Neptuno (m)	Нептун	neptun

mago (m)	сыйкырчы	sɪjkɪrtʃɪ
maga (f)	сыйкырчы	sɪjkɪrtʃɪ
mágico (adj)	сыйкырдуу	sɪjkɪrduu
varita (f) mágica	сыйкырлуу таякча	sɪjkɪrluu tajaktʃa

cuento (m) de hadas	жомок	dʒomok
milagro (m)	керемет	keremet
enano (m)	эргежээл	ergedʒeel

transformarse en ...	...га айлануу	...ga ajlanuu
espíritu (m) (fantasma)	арбак	arbak
fantasma (m)	көрүнчү	køryntʃy
monstruo (m)	желмогуз	dʒelmoguz
dragón (m)	ажыдаар	adʒıdaar
gigante (m)	дөө	døø

123. Los signos de zodiaco

Aries (m)	Кой	koj
Tauro (m)	Букачар	bukatʃar
Géminis (m pl)	Эгиздер	egizder
Cáncer (m)	Рак	rak
Leo (m)	Арстан	arstan
Virgo (m)	Суу пери	suu peri

Libra (f)	Тараза	taraza
Escorpio (m)	Чаян	tʃajan
Sagitario (m)	Жаачы	dʒaatʃı
Capricornio (m)	Текечер	teketʃer
Acuario (m)	Суу куяр	suu kujar
Piscis (m pl)	Балыктар	balıktar

carácter (m)	мүнөз	mynøz
rasgos (m pl) de carácter	мүнөздүн түрү	mynøzdyn tyry
conducta (f)	жүрүм-турум	dʒyrym-turum
decir la buenaventura	төлгө ачуу	tølgø atʃuu
adivinadora (f)	көз ачык	køz atʃık
horóscopo (m)	жылдыз төлгө	dʒıldız tølgø

El arte

124. El teatro

teatro (m)	театр	teatr
ópera (f)	опера	opera
opereta (f)	оперетта	operetta
ballet (m)	балет	balet
cartelera (f)	афиша	afiʃa
compañía (f) de teatro	труппа	truppa
gira (f) artística	гастрольго чыгуу	gastroliɡo tʃɪguu
hacer una gira artística	гастрольдо жүрүү	gastrolido dʒyryy
ensayar (vi, vt)	репетиция кылуу	repetitsija kɪluu
ensayo (m)	репетиция	repetitsija
repertorio (m)	репертуар	repertuar
representación (f)	көрсөтүү	kørsøtyy
espectáculo (m)	спектакль	spektakli
pieza (f) de teatro	пьеса	pjesa
billet (m)	билет	bilet
taquilla (f)	билет кассасы	bilet kassasɪ
vestíbulo (m)	холл	χoll
guardarropa (f)	гардероб	garderob
ficha (f) de guardarropa	номерок	nomerok
gemelos (m pl)	дүрбү	dyrby
acomodador (m)	текшерүүчү	tekʃeryytʃy
patio (m) de butacas	партер	parter
balconcillo (m)	балкон	balkon
entresuelo (m)	бельэтаж	beljetadʒ
palco (m)	ложа	lodʒa
fila (f)	катар	katar
asiento (m)	орун	orun
público (m)	эл	el
espectador (m)	көрүүчү	køryytʃy
aplaudir (vi, vt)	кол чабуу	kol tʃabuu
aplausos (m pl)	кол чабуулар	kol tʃabuular
ovación (f)	дүркүрөгөн кол чабуулар	dyrkyrøgøn kol tʃabuular
escenario (m)	сахна	saχna
telón (m)	көшөгө	køʃøgø
decoración (f)	декорация	dekoratsija
bastidores (m pl)	көшөгө артында	køʃøgø artɪnda
escena (f)	көрсөтмө	kørsøtmø
acto (m)	окуя	okuja
entreacto (m)	антракт	antrakt

125. El cine

actor (m)	актёр	aktior
actriz (f)	актриса	aktrisa
cine (m) (industria)	кино	kino
película (f)	тасма	tasma
episodio (m)	серия	serija
película (f) policíaca	детектив	detektiv
película (f) de acción	салгылаш тасмасы	salgılaʃ tasması
película (f) de aventura	укмуштуу окуялуу тасма	ukmuʃtuu okujaluu tasma
película (f) de ciencia ficción	билим-жалган аралаш тасмасы	bilim-dӡalgan aralaʃ tasması
película (f) de horror	коркутуу тасмасы	korkutuu tasması
película (f) cómica	күлкүлүү кино	kylkylyy kino
melodrama (m)	ый менен кайгы аралаш	ıy menen kajgı aralaʃ
drama (m)	драма	drama
película (f) de ficción	көркөм тасма	kørkøm tasma
documental (m)	документүү тасма	dokumentyy tasma
dibujos (m pl) animados	мультфильм	mulitfilim
cine (m) mudo	үнсүз кино	ynsyz kino
papel (m)	роль	rolj
papel (m) principal	башкы роль	baʃkı rolj
interpretar (vt)	ойноо	ojnoo
estrella (f) de cine	кино жылдызы	kino dӡıldızı
conocido (adj)	белгилүү	belgilyy
famoso (adj)	атактуу	ataktuu
popular (adj)	даңазалуу	daŋazaluu
guión (m) de cine	сценарий	stsenarij
guionista (m)	сценарист	stsenarist
director (m) de cine	режиссёр	redӡissior
productor (m)	продюсер	produser
asistente (m)	ассистент	assistent
operador (m)	оператор	operator
doble (m) de riesgo	айлагер	ajlager
doble (m)	кейпин кийүүчү	kejpin kijyytʃy
filmar una película	тасма тартуу	tasma tartuu
audición (f)	сыноо	sınoo
rodaje (m)	тартуу	tartuu
equipo (m) de rodaje	тартуу группасы	tartuu gruppası
plató (m) de rodaje	тартуу аянты	tartuu ajantı
cámara (f)	кинокамера	kinokamera
cine (m) (iremos al ~)	кинотеатр	kinoteatr
pantalla (f)	экран	ekran
mostrar la película	тасманы көрсөтүү	tasmanı kørsøtyy
pista (f) sonora	үн нугу	yn nugu
efectos (m pl) especiales	атайын эффектер	atajın effekter

subtítulos (m pl)	субтитрлер	subtitrler
créditos (m pl)	титрлер	titrler
traducción (f)	которуу	kotoruu

126. La pintura

arte (m)	көркөм өнөр	kørkøm ønør
bellas artes (f pl)	көркөм чеберчилик	kørkøm ʧebertʃilik
galería (f) de arte	арт-галерея	art-galereja
exposición (f) de arte	сүрөт көргөзмөсү	syrøt kørgøzmøsy

pintura (f)	живопись	dʒivopisʲ
gráfica (f)	графика	grafika
abstraccionismo (m)	абстракционизм	abstraktsionizm
impresionismo (m)	импрессионизм	impressionizm

pintura (f)	сүрөт	syrøt
dibujo (m)	сүрөт	syrøt
pancarta (f)	көрнөк	kørnøk

ilustración (f)	иллюстрация	illustratsija
miniatura (f)	миниатюра	miniatura
copia (f)	көчүрмө	køʧyrmø
reproducción (f)	репродукция	reproduktsija

mosaico (m)	мозаика	mozaika
vidriera (f)	витраж	vitradʒ
fresco (m)	фреска	freska
grabado (m)	гравюра	gravura

busto (m)	бюст	bust
escultura (f)	айкел	ajkel
estatua (f)	айкел	ajkel
yeso (m)	гипс	gips
en yeso (adj)	гипстен	gipsten

retrato (m)	портрет	portret
autorretrato (m)	автопортрет	avtoportret
paisaje (m)	теребел сүрөтү	terebel syrøty
naturaleza (f) muerta	буюмдар сүрөтү	bujumdar syrøty
caricatura (f)	карикатура	karikatura
boceto (m)	сомо	somo

pintura (f)	боек	boek
acuarela (f)	акварель	akvarelʲ
óleo (m)	майбоёк	majbojok
lápiz (f)	карандаш	karandaʃ
tinta (f) china	тушь	tuʃ
carboncillo (m)	көмүр	kømyr

dibujar (vi, vt)	тартуу	tartuu
pintar (vi, vt)	боёк менен тартуу	bojok menen tartuu
posar (vi)	атайын туруу	atajın turuu
modelo (m)	атайын туруучу	atajın turuuʧu

modelo (f)	атайын туруучу	atajın turuutʃu
pintor (m)	сүрөтчү	syrøttʃy
obra (f) de arte	чыгарма	tʃıgarma
obra (f) maestra	чеберчиликтин чокусу	tʃebertʃiliktin tʃokusu
estudio (m) (de un artista)	устакана	ustakana

lienzo (m)	кендир	kendir
caballete (m)	мольберт	molʲbert
paleta (f)	палитра	palitra

marco (m)	алкак	alkak
restauración (f)	калыбына келтирүү	kalıbına keltiryy
restaurar (vt)	калыбына келтирүү	kalıbına keltiryy

127. La literatura y la poesía

literatura (f)	адабият	adabijat
autor (m) (escritor)	автор	avtor
seudónimo (m)	лакап ат	lakap at

libro (m)	китеп	kitep
tomo (m)	том	tom
tabla (f) de contenidos	мазмун	mazmun
página (f)	бет	bet
héroe (m) principal	башкы каарман	baʃkı kaarman
autógrafo (m)	кол тамга	kol tamga

relato (m) corto	окуя	okuja
cuento (m)	аңгеме	aŋgeme
novela (f)	роман	roman
obra (f) literaria	дил баян	dil bajan
fábula (f)	тамсил	tamsil
novela (f) policíaca	детектив	detektiv

verso (m)	ыр сап	ır sap
poesía (f)	поэзия	poezija
poema (f)	поэма	poema
poeta (m)	акын	akın

bellas letras (f pl)	сулуулатып жазуу	suluulatıp dʒazuu
ciencia ficción (f)	билим-жалган аралаш	bilim-dʒalgan aralaʃ
aventuras (f pl)	укмуштуу окуялар	ukmuʃtuu okujalar
literatura (f) didáctica	билим берүү адабияты	bilim beryy adabijatı
literatura (f) infantil	балдар адабияты	baldar adabijatı

128. El circo

circo (m)	цирк	tsırk
circo (m) ambulante	цирк-шапито	tsırk-ʃapito
programa (m)	программа	programma
representación (f)	көрсөтүү	kørsøtyy
número (m)	номер	nomer

arena (f)	арена	arena
pantomima (f)	пантомима	pantomima
payaso (m)	маскарапоз	maskarapoz

acróbata (m)	акробат	akrobat
acrobacia (f)	акробатика	akrobatika
gimnasta (m)	гимнаст	gimnast
gimnasia (f)	гимнастика	gimnastika
salto (m)	тоӊкочуктап атуу	toŋkoʧuktap atuu

forzudo (m)	атлет	atlet
domador (m)	ыкка көндүрүүчү	ıkka køndyryyʧy
caballista (m)	чабандес	ʧabandes
asistente (m)	жардамчы	dʒardamʧı

truco (m)	ыкма	ıkma
truco (m) de magia	көз боемо	køz boemo
ilusionista (m)	көз боемочу	køz boemoʧu

malabarista (m)	жонглёр	dʒonglʲor
hacer malabarismos	жонглёрлук кылуу	dʒonglʲorluk kıluu
amaestrador (m)	үйрөтүүчү	yjrøtyyʧy
amaestramiento (m)	үйрөтүү	yjrøtyy
amaestrar (vt)	үйрөтүү	yjrøtyy

129. La música. La música popular

música (f)	музыка	muzıka
músico (m)	музыкант	muzıkant
instrumento (m) musical	музыка аспабы	muzıka aspabı
tocar ...	...да ойноо	...da ojnoo

guitarra (f)	гитара	gitara
violín (m)	скрипка	skripka
violonchelo (m)	виолончель	violonʧelʲ
contrabajo (m)	контрабас	kontrabas
arpa (f)	арфа	arfa

piano (m)	пианино	pianino
piano (m) de cola	рояль	rojalʲ
órgano (m)	орган	organ

instrumentos (m pl) de viento	үйлө аспаптары	yjlø aspaptarı
oboe (m)	гобой	goboj
saxofón (m)	саксофон	saksofon
clarinete (m)	кларнет	klarnet
flauta (f)	флейта	flejta
trompeta (f)	сурнай	surnaj

| acordeón (m) | аккордеон | akkordeon |
| tambor (m) | добулбас | dobulbas |

| dúo (m) | дуэт | duet |
| trío (m) | трио | trio |

cuarteto (m)	квартет	kvartet
coro (m)	хор	χor
orquesta (f)	оркестр	orkestr

música (f) pop	поп-музыка	pop-muzıka
música (f) rock	рок-музыка	rok-muzıka
grupo (m) de rock	рок-группа	rok-gruppa
jazz (m)	джаз	dʒaz

| ídolo (m) | аздек | azdek |
| admirador (m) | күйөрман | kyjørman |

concierto (m)	концерт	konʦert
sinfonía (f)	симфония	simfonija
composición (f)	чыгарма	ʧıgarma
escribir (vt)	чыгаруу	ʧıgaruu

canto (m)	ырдоо	ırdoo
canción (f)	ыр	ır
melodía (f)	обон	obon
ritmo (m)	ыргак	ırgak
blues (m)	блюз	blʉz

notas (f pl)	ноталар	notalar
batuta (f)	таякча	tajakʧa
arco (m)	кылдуу таякча	kılduu tajakʧa
cuerda (f)	кыл	kıl
estuche (m)	куту	kutu

Los restaurantes. El entretenimiento. El viaje

130. El viaje. Viajar

turismo (m)	туризм	turizm
turista (m)	турист	turist
viaje (m)	саякат	sajakat
aventura (f)	укмуштуу окуя	ukmuʃtuu okuja
viaje (m)	сапар	sapar
vacaciones (f pl)	дем алыш	dem alıʃ
estar de vacaciones	дем алышка чыгуу	dem alıʃka tʃıguu
descanso (m)	эс алуу	es aluu
tren (m)	поезд	poezd
en tren	поезд менен	poezd menen
avión (m)	учак	utʃak
en avión	учакта	utʃakta
en coche	автомобилде	avtomobilde
en barco	кемеде	kemede
equipaje (m)	жүк	dʒyk
maleta (f)	чемодан	tʃemodan
carrito (m) de equipaje	араба	araba
pasaporte (m)	паспорт	pasport
visado (m)	виза	viza
billete (m)	билет	bilet
billete (m) de avión	авиабилет	aviabilet
guía (f) (libro)	жол көрсөткүч	dʒol körsötkytʃ
mapa (m)	карта	karta
área (m) (~ rural)	жай	dʒaj
lugar (m)	жер	dʒer
exotismo (m)	экзотика	ekzotika
exótico (adj)	экзотикалуу	ekzotikaluu
asombroso (adj)	ажайып	adʒajıp
grupo (m)	топ	top
excursión (f)	экскурсия	ekskursija
guía (m) (persona)	экскурсия жетекчиси	ekskursija dʒetektʃisi

131. El hotel

hotel (m), motel (m)	мейманкана	mejmankana
motel (m)	мотель	motelʲ
de tres estrellas	үч жылдыздуу	ytʃ dʒıldızduu

| de cinco estrellas | беш жылдыздуу | beʃ dʒɪldɪzduu |
| hospedarse (vr) | токтоо | toktoo |

habitación (f)	номер	nomer
habitación (f) individual	бир орундуу	bir orunduu
habitación (f) doble	эки орундуу	eki orunduu
reservar una habitación	номерди камдык буйрутмалоо	nomerdi kamdık bujrutmaloo

| media pensión (f) | жарым пансион | dʒarım pansion |
| pensión (f) completa | толук пансион | toluk pansion |

con baño	ваннасы менен	vannası menen
con ducha	душ менен	duʃ menen
televisión (f) satélite	спутник	sputnik
climatizador (m)	аба желдеткич	aba dʒeldetkiʧ
toalla (f)	сүлгү	sylgy
llave (f)	ачкыч	aʧkıʧ

administrador (m)	администратор	administrator
camarera (f)	үй кызматкери	yj kızmatkeri
maletero (m)	жүк ташуучу	dʒyk taʃuuʧu
portero (m)	эшик ачуучу	eʃik aʧuuʧu

restaurante (m)	ресторан	restoran
bar (m)	бар	bar
desayuno (m)	таңкы тамак	taŋkı tamak
cena (f)	кечки тамак	keʧki tamak
buffet (m) libre	шведче стол	ʃvedʧe stol

| vestíbulo (m) | вестибюль | vestibʉlʲ |
| ascensor (m) | лифт | lift |

| NO MOLESTAR | ТЫНЧЫБЫЗДЫ АЛБАГЫЛА! | tınʧibızdı albagıla! |
| PROHIBIDO FUMAR | ТАМЕКИ ЧЕГҮҮГӨ БОЛБОЙТ! | tameki ʧegyygø bolbojt! |

132. Los libros. La lectura

libro (m)	китеп	kitep
autor (m)	автор	avtor
escritor (m)	жазуучу	dʒazuuʧu
escribir (~ un libro)	жазуу	dʒazuu

lector (m)	окурман	okurman
leer (vi, vt)	окуу	okuu
lectura (f)	окуу	okuu

| en silencio | үн чыгарбай | yn ʧıgarbaj |
| en voz alta | үн чыгарып | yn ʧıgarıp |

| editar (vt) | басып чыгаруу | basıp ʧıgaruu |
| edición (f) (~ de libros) | басып чыгаруу | basıp ʧıgaruu |

editor (m)	басып чыгаруучу	basıp tʃıgaruutʃu
editorial (f)	басмакана	basmakana
salir (libro)	жарык көрүү	dʒarık køryy
salida (f) (de un libro)	чыгуу	tʃıguu
tirada (f)	нуска	nuska
librería (f)	китеп дүкөнү	kitep dykøny
biblioteca (f)	китепкана	kitepkana
cuento (m)	аңгеме	aŋgeme
relato (m) corto	окуя	okuja
novela (f)	роман	roman
novela (f) policíaca	детектив	detektiv
memorias (f pl)	эсте калгандары	este kalgandarı
leyenda (f)	уламыш	ulamıʃ
mito (m)	миф	mif
versos (m pl)	ыр	ır
autobiografía (f)	автобиография	avtobiografija
obras (f pl) escogidas	тандалма	tandalma
ciencia ficción (f)	билим-жалган аралаш	bilim-dʒalgan aralaʃ
título (m)	аталышы	atalıʃı
introducción (f)	кириш сөз	kiriʃ søz
portada (f)	наам барагы	naam baragı
capítulo (m)	бөлум	bølum
extracto (m)	үзүндү	yzyndy
episodio (m)	эпизод	epizod
sujeto (m)	сюжет	sʉdʒet
contenido (m)	мазмун	mazmun
tabla (f) de contenidos	мазмун	mazmun
héroe (m) principal	башкы каарман	baʃkı kaarman
tomo (m)	том	tom
cubierta (f)	мукаба	mukaba
encuadernado (m)	мукабалоо	mukabaloo
marcador (m) de libro	чөп кат	tʃøp kat
página (f)	бет	bet
hojear (vt)	барактоо	baraktoo
márgenes (m pl)	талаа	talaa
anotación (f)	белги	belgi
nota (f) a pie de página	эскертүү	eskertyy
texto (m)	текст	tekst
fuente (f)	шрифт	ʃrift
errata (f)	ката	kata
traducción (f)	котормо	kotormo
traducir (vt)	котороуу	kotoruu
original (m)	түпнуска	typnuska
famoso (adj)	атактуу	ataktuu

desconocido (adj)	белгисиз	belgisiz
interesante (adj)	кызыктуу	kızıktuu
best-seller (m)	талашып сатып алынган	talaʃıp satıp alıngan

diccionario (m)	сөздүк	søzdyk
manual (m)	китеп	kitep
enciclopedia (f)	энциклопедия	entsiklopedija

133. La caza. La pesca

caza (f)	аңчылык	aŋʧılık
cazar (vi, vt)	аңчылык кылуу	aŋʧılık kıluu
cazador (m)	аңчы	aŋʧı

tirar (vi)	атуу	atuu
fusil (m)	мылтык	mıltık
cartucho (m)	ок	ok
perdigón (m)	чачма	ʧatʃma

cepo (m)	капкан	kapkan
trampa (f)	тузак	tuzak
caer en la trampa	капканга түшүү	kapkanga tyʃyy
poner una trampa	капкан коюу	kapkan kojʉu

cazador (m) furtivo	браконьер	brakonjer
caza (f) menor	илбээсин	ilbeesin
perro (m) de caza	тайган	tajgan
safari (m)	сафари	safari
animal (m) disecado	кеп	kep
pescador (m)	балыкчы	balıkʧı
pesca (f)	балык улоо	balık uloo
pescar (vi)	балык улоо	balık uloo

caña (f) de pescar	кайырмак	kajırmak
sedal (m)	кайырмак жиби	kajırmak dʒibi
anzuelo (m)	илгич	ilgiʧ
flotador (m)	калкыма	kalkıma
cebo (m)	жем	dʒem

lanzar el anzuelo	кайырмак таштоо	kajırmak taʃtoo
picar (vt)	чокулоо	ʧokuloo
pesca (f) (lo pescado)	кармалган балык	karmalgan balık
agujero (m) en el hielo	муздагы оюк	muzdagı ojʉk

red (f)	тор	tor
barca (f)	кайык	kajık
pescar con la red	тор менен кармоо	tor menen karmoo
tirar la red	тор таштоо	tor taʃtoo
sacar la red	торду чыгаруу	tordu ʧıgaruu
caer en la red	торго түшүү	torgo tyʃyy

ballenero (m) (persona)	кит уулоочу	kit uulootʃu
ballenero (m) (barco)	кит уулоочу кеме	kit uulootʃu keme
arpón (m)	гарпун	garpun

134. Los juegos. El billar

billar (m)	бильярд	biljard
sala (f) de billar	бильярдкана	biljardkana
bola (f) de billar	бильярд шары	biljard ʃarı
entronerar la bola	шарды киргизүү	ʃardı kirgizyy
taco (m)	кий	kij
tronera (f)	луза	luza

135. Los juegos. Las cartas

cuadrados (m pl)	момун	momun
picas (f pl)	карга	karga
corazones (m pl)	кызыл ача	kızıl atʃa
tréboles (m pl)	чырым	tʃırım
as (m)	туз	tuz
rey (m)	король	korolʲ
dama (f)	матке	matke
sota (f)	балта	balta
carta (f)	оюн картасы	ojʉn kartası
cartas (f pl)	карталар	kartalar
triunfo (m)	көзүр	køzyr
baraja (f)	колода	koloda
punto (m)	очко	otʃko
dar (las cartas)	таратуу	taratuu
barajar (vt)	аралаштыруу	aralaʃtıruu
jugada (f)	жүрүү	dʒyryy
fullero (m)	шумпай	ʃumpaj

136. El descanso. Los juegos. Miscelánea

pasear (vi)	сейилдөө	sejildøø
paseo (m) (caminata)	жөө сейилдөө	dʒøø sejildøø
paseo (m) (en coche)	саякат	sajakat
aventura (f)	укмуштуу окуя	ukmuʃtuu okuja
picnic (m)	пикник	piknik
juego (m)	оюн	ojʉn
jugador (m)	оюнчу	ojʉntʃu
partido (m)	партия	partija
coleccionista (m)	жыйнакчы	dʒıjnaktʃı
coleccionar (vt)	жыйноо	dʒıjnoo
colección (f)	жыйнак	dʒıjnak
crucigrama (m)	кроссворд	krossvord
hipódromo (m)	ат майданы	at majdanı

discoteca (f)	дискотека	diskoteka
sauna (f)	сауна	sauna
lotería (f)	лотерея	lotereja

marcha (f)	жөө сапар	dʒøø sapar
campo (m)	лагерь	lagerʲ
tienda (f) de campaña	чатыр	ʧatır
brújula (f)	компас	kompas
campista (m)	турист	turist

ver (la televisión)	көрүү	køryy
telespectador (m)	телекөрүүчү	telekøryyʧy
programa (m) de televisión	теле көрсөтүү	tele kørsøtyy

137. La fotografía

| cámara (f) fotográfica | фотоаппарат | fotoapparat |
| fotografía (f) (una foto) | фото | foto |

fotógrafo (m)	сүрөтчү	syrøtʧy
estudio (m) fotográfico	фотостудия	fotostudija
álbum (m) de fotos	фотоальбом	fotoalʲbom

objetivo (m)	объектив	obʰjektiv
teleobjetivo (m)	телеобъектив	teleobʰjektiv
filtro (m)	фильтр	filʲtr
lente (m)	линза	linza

óptica (f)	оптика	optika
diafragma (m)	диафрагма	diafragma
tiempo (m) de exposición	тушугуу	tuʃuguu
visor (m)	көрүнүш табуучу	kørynyʃ tabuuʧu

cámara (f) digital	санарип камерасы	sanarip kamerası
trípode (m)	үч бут	yʧ but
flash (m)	жарк этүү	dʒark etyy

fotografiar (vt)	сүрөткө тартуу	syrøtkø tartuu
hacer fotos	тартуу	tartuu
fotografiarse (vr)	сүрөткө түшүү	syrøtkø tyʃyy

foco (m)	фокус	fokus
enfocar (vt)	фокусту оңдоо	fokustu oŋdoo
nítido (adj)	фокуста	fokusta
nitidez (f)	дааналык	daanalık

| contraste (m) | контраст | kontrast |
| contrastante (adj) | контрасттагы | kontrasttagı |

foto (f)	сүрөт	syrøt
negativo (m)	негатив	negativ
película (f) fotográfica	фотоплёнка	fotoplʲonka
fotograma (m)	кадр	kadr
imprimir (vt)	басып чыгаруу	basıp ʧıgaruu

138. La playa. La natación

playa (f)	суу жээги	suu dʒeegi
arena (f)	кум	kum
desierto (playa ~a)	ээн суу жээги	een suu dʒeegi

bronceado (m)	күнгө күйүү	kyngø kyjyy
broncearse (vr)	күнгө кактануу	kyngø kaktanuu
bronceado (adj)	күнгө күйгөн	kyngø kyjgøn
protector (m) solar	күнгө күйүш үчүн крем	kyngø kyjyʃ ytʃyn krem

bikini (m)	бикини	bikini
traje (m) de baño	купальник	kupalʲnik
bañador (m)	плавки	plavki

piscina (f)	бассейн	bassejn
nadar (vi)	сүзүү	syzyy
ducha (f)	душ	duʃ
cambiarse (vr)	кийим алмаштыруу	kijim almaʃtıruu
toalla (f)	сүлгү	sylgy

barca (f)	кайык	kajık
lancha (f) motora	катер	kater
esquís (m pl) acuáticos	суу чаңгысы	suu tʃaŋgısı
bicicleta (f) acuática	суу велосипеди	suu velosipedi
surf (m)	тактай тебүү	taktaj tebyy
surfista (m)	тактай тебүүчү	taktaj tebyytʃy

equipo (m) de buceo	акваланг	akvalang
aletas (f pl)	ласты	lastı
máscara (f) de buceo	маска	maska
buceador (m)	сууга сүңгүү	suuga syŋgyy
bucear (vi)	сүңгүү	syŋgyy
bajo el agua (adv)	суу астында	suu astında

sombrilla (f)	зонт	zont
tumbona (f)	шезлонг	ʃezlong
gafas (f pl) de sol	көз айнек	køz ajnek
colchoneta (f) inflable	сүзүү үчүн матрас	syzyy ytʃyn matras

| jugar (divertirse) | ойноо | ojnoo |
| bañarse (vr) | сууга түшүү | suuga tyʃyy |

pelota (f) de playa	топ	top
inflar (vt)	үйлөө	yjløø
inflable (colchoneta ~)	үйлөнмө	yjlønmø

ola (f)	толкун	tolkun
boya (f)	буй	buj
ahogarse (vr)	чөгүү	tʃøgyy

salvar (vt)	куткаруу	kutkaruu
chaleco (m) salvavidas	куткаруучу күрмө	kutkaruutʃu kyrmø
observar (vt)	байкоо	bajkoo
socorrista (m)	куткаруучу	kutkaruutʃu

EL EQUIPO TÉCNICO. EL TRANSPORTE

El equipo técnico

139. El computador

ordenador (m)	компьютер	kompjuter
ordenador (m) portátil	ноутбук	noutbuk
encender (vt)	күйгүзүү	kyjgyzyy
apagar (vt)	өчүрүү	øʧyryy
teclado (m)	ариптакта	ariptakta
tecla (f)	баскыч	baskıʧ
ratón (m)	чычкан	ʧıʧkan
alfombrilla (f) para ratón	килемче	kilemʧe
botón (m)	баскыч	baskıʧ
cursor (m)	курсор	kursor
monitor (m)	монитор	monitor
pantalla (f)	экран	ekran
disco (m) duro	катуу диск	katuu disk
volumen (m) de disco duro	катуу дисктин көлөмү	katuu disktin kølømy
memoria (f)	эс тутум	es tutum
memoria (f) operativa	оперативдик эс тутум	operativdik es tutum
archivo, fichero (m)	файл	fajl
carpeta (f)	папка	papka
abrir (vt)	ачуу	aʧuu
cerrar (vt)	жабуу	dʒabuu
guardar (un archivo)	сактоо	saktoo
borrar (vt)	жок кылуу	dʒok kıluu
copiar (vt)	көчүрүү	køʧyryy
ordenar (vt) (~ de A a Z, etc.)	иреттөө	irettøø
copiar (vt)	өткөрүү	øtkøryy
programa (m)	программа	programma
software (m)	программалык	programmalık
programador (m)	программист	programmist
programar (vt)	программалаштыруу	programmalaʃtıruu
hacker (m)	хакер	χaker
contraseña (f)	сырсөз	sırsøz
virus (m)	вирус	virus
detectar (vt)	издеп табуу	izdep tabuu
octeto (m)	байт	bajt

megaocteto (m)	мегабайт	megabajt
datos (m pl)	маалыматтар	maalımattar
base (f) de datos	маалымат базасы	maalımat bazası

cable (m)	кабель	kabelʲ
desconectar (vt)	ажыратуу	adʒıratuu
conectar (vt)	туташтыруу	tutaʃtıruu

140. El internet. El correo electrónico

internet (m), red (f)	интернет	internet
navegador (m)	браузер	brauzer
buscador (m)	издөө аспабы	izdøø aspabı
proveedor (m)	провайдер	provajder

webmaster (m)	веб-мастер	web-master
sitio (m) web	веб-сайт	web-sajt
página (f) web	веб-баракча	web-baraktʃa

| dirección (f) | дарек | darek |
| libro (m) de direcciones | дарек китепчеси | darek kiteptʃesi |

buzón (m)	почта ящиги	potʃta jaʃʃigi
correo (m)	почта	potʃta
lleno (adj)	толуп калган	tolup kalgan

mensaje (m)	кабар	kabar
correo (m) entrante	келген кабарлар	kelgen kabarlar
correo (m) saliente	жөнөтүлгөн кабарлар	dʒønøtylgøn kabarlar

expedidor (m)	жөнөтүүчү	dʒønøtyytʃy
enviar (vt)	жөнөтүү	dʒønøtyy
envío (m)	жөнөтүү	dʒønøtyy

| destinatario (m) | алуучу | aluutʃu |
| recibir (vt) | алуу | aluu |

| correspondencia (f) | жазышуу | dʒazıʃuu |
| escribirse con ... | жазышуу | dʒazıʃuu |

archivo, fichero (m)	файл	fajl
descargar (vt)	жүктөө	dʒyktøø
crear (vt)	жаратуу	dʒaratuu
borrar (vt)	жок кылуу	dʒok kıluu
borrado (adj)	жок кылынган	dʒok kılıngan

conexión (f) (ADSL, etc.)	байланыш	bajlanıʃ
velocidad (f)	ылдамдык	ıldamdık
módem (m)	модем	modem
acceso (m)	жеткирилүү	dʒetkirilyy
puerto (m)	порт	port

| conexión (f) (establecer la ~) | туташуу | tutaʃuu |
| conectarse a ... | ... туташуу | ... tutaʃuu |

seleccionar (vt)	**тандоо**	tandoo
buscar (vt)	**... издөө**	... izdøø

El transporte

141. El avión

Español	Kirguís	Transcripción
avión (m)	учак	utʃak
billete (m) de avión	авиабилет	aviabilet
compañía (f) aérea	авиакомпания	aviakompanija
aeropuerto (m)	аэропорт	aeroport
supersónico (adj)	сверхзвуковой	sverχzvukovoj
comandante (m)	кеме командири	keme komandiri
tripulación (f)	экипаж	ekipadʒ
piloto (m)	учкуч	utʃkutʃ
azafata (f)	стюардесса	stʉardessa
navegador (m)	штурман	ʃturman
alas (f pl)	канаттар	kanattar
cola (f)	куйрук	kujruk
cabina (f)	кабина	kabina
motor (m)	кыймылдаткыч	kıjmıldatkıtʃ
tren (m) de aterrizaje	шасси	ʃassi
turbina (f)	турбина	turbina
hélice (f)	пропеллер	propeller
caja (f) negra	кара куту	kara kutu
timón (m)	штурвал	ʃturval
combustible (m)	күйүгүч май	kyjyytʃy may
instructivo (m) de seguridad	коопсуздук көрсөтмөсү	koopsuzduk kørsøtmøsy
respirador (m) de oxígeno	кислород чүмбөтү	kislorod tʃymbøty
uniforme (m)	бир беткей кийим	bir betkey kijim
chaleco (m) salvavidas	куткаруучу күрмө	kutkaruutʃu kyrmø
paracaídas (m)	парашют	paraʃʉt
despegue (m)	учуп көтөрүлүү	utʃup køtørylyy
despegar (vi)	учуп көтөрүлүү	utʃup køtørylyy
pista (f) de despegue	учуп чыгуу тилкеси	utʃup tʃıguu tilkesi
visibilidad (f)	көрүнүш	kørynyʃ
vuelo (m)	учуу	utʃuu
altura (f)	бийиктик	bijiktik
pozo (m) de aire	аба чүңкуру	aba tʃyŋkuru
asiento (m)	орун	orun
auriculares (m pl)	кулакчын	kulaktʃın
mesita (f) plegable	бүктөлмө стол	byktølmø stol
ventana (f)	иллюминатор	illʉminator
pasillo (m)	өтмөк	øtmøk

142. El tren

tren (m)	поезд	poezd
tren (m) eléctrico	электричка	elektriʧka
tren (m) rápido	бат жүрүүчү поезд	bat dʒyryyʧy poezd
locomotora (f) diésel	тепловоз	teplovoz
tren (m) de vapor	паровоз	parovoz

coche (m)	вагон	vagon
coche (m) restaurante	вагон-ресторан	vagon-restoran

rieles (m pl)	рельсалар	relʲsalar
ferrocarril (m)	темир жолу	temir dʒolu
traviesa (f)	шпала	ʃpala

plataforma (f)	платформа	platforma
vía (f)	жол	dʒol
semáforo (m)	семафор	semafor
estación (f)	бекет	beket

maquinista (m)	машинист	maʃinist
maletero (m)	жук ташуучу	dʒuk taʃuuʧu
mozo (m) del vagón	проводник	provodnik
pasajero (m)	жүргүнчү	dʒyrgynʧy
revisor (m)	текшерүүчү	tekʃeryyʧy

corredor (m)	коридор	koridor
freno (m) de urgencia	стоп-кран	stop-kran

compartimiento (m)	купе	kupe
litera (f)	текче	tekʧe
litera (f) de arriba	үстүңкү текче	ystyŋky tekʧe
litera (f) de abajo	ылдыйкы текче	ıldıjkı tekʧe
ropa (f) de cama	жууркан-төшөк	dʒuurkan-tøʃøk

billete (m)	билет	bilet
horario (m)	ырааттама	ıraattama
pantalla (f) de información	табло	tablo

partir (vi)	жөнөө	dʒønøø
partida (f) (del tren)	жөнөө	dʒønøø
llegar (tren)	келүү	kelyy
llegada (f)	келүү	kelyy

llegar en tren	поезд менен келүү	poezd menen kelyy
tomar el tren	поездге отуруу	poezdge oturuu
bajar del tren	поездден түшүү	poezdden tyʃyy

descarrilamiento (m)	кыйроо	kıjroo
descarrilarse (vr)	рельсадан чыгып кетүү	relʲsadan ʧıgıp ketyy

tren (m) de vapor	паровоз	parovoz
fogonero (m)	от жагуучу	ot dʒaguuʧu
hogar (m)	меш	meʃ
carbón (m)	көмүр	kømyr

143. El barco

| buque (m) | кеме | keme |
| navío (m) | кеме | keme |

buque (m) de vapor	пароход	paroχod
motonave (m)	теплоход	teploχod
trasatlántico (m)	лайнер	lajner
crucero (m)	крейсер	krejser

yate (m)	яхта	jaχta
remolcador (m)	буксир	buksir
barcaza (f)	баржа	bardʒa
ferry (m)	паром	parom

| velero (m) | парус | parus |
| bergantín (m) | бригантина | brigantina |

| rompehielos (m) | муз жаргыч кеме | muz dʒargɪtʃ keme |
| submarino (m) | суу астында жүрүүчү кеме | suu astɪnda dʒyryytʃy keme |

bote (m) de remo	кайык	kajɪk
bote (m)	шлюпка	ʃlʉpka
bote (m) salvavidas	куткаруу шлюпкасы	kutkaruu ʃlʉpkasɪ
lancha (f) motora	катер	kater

capitán (m)	капитан	kapitan
marinero (m)	матрос	matros
marino (m)	денизчи	deŋiztʃi
tripulación (f)	экипаж	ekipadʒ

contramaestre (m)	боцман	botsman
grumete (m)	юнга	jʉnga
cocinero (m) de abordo	кок	kok
médico (m) del buque	кеме доктуру	keme dokturu

cubierta (f)	палуба	paluba
mástil (m)	мачта	matʃta
vela (f)	парус	parus

bodega (f)	трюм	trʉm
proa (f)	тумшук	tumʃuk
popa (f)	кеменин арткы бөлүгү	kemenin artkɪ bølygy
remo (m)	калак	kalak
hélice (f)	винт	vint

camarote (m)	каюта	kajʉta
sala (f) de oficiales	кают-компания	kajʉt-kompanija
sala (f) de máquinas	машина бөлүгү	maʃina bølygy
puente (m) de mando	капитан мостиги	kapitan mostigi
sala (f) de radio	радиорубка	radiorubka
onda (f)	толкун	tolkun
cuaderno (m) de bitácora	кеме журналы	keme dʒurnalɪ
anteojo (m)	дүрбү	dyrby

| campana (f) | коңгуроо | koŋguroo |
| bandera (f) | байрак | bajrak |

| cabo (m) (maroma) | аркан | arkan |
| nudo (m) | түйүн | tyjyn |

| pasamano (m) | туткуч | tutkuʧ |
| pasarela (f) | трап | trap |

ancla (f)	кеме казык	keme kazık
levar ancla	кеме казыкты көтөрүү	keme kazıktı kødøryy
echar ancla	кеме казыкты таштоо	keme kazıktı taʃtoo
cadena (f) del ancla	казык чынжыры	kazık ʧınʤırı

puerto (m)	порт	port
embarcadero (m)	причал	priʧal
amarrar (vt)	келип токтоо	kelip toktoo
desamarrar (vt)	жээктен алыстоо	dʒeekten alıstoo

viaje (m)	саякат	sajakat
crucero (m) (viaje)	деңиз саякаты	deŋiz sajakatı
derrota (f) (rumbo)	курс	kurs
itinerario (m)	каттам	kattam

canal (m) navegable	фарватер	farvater
bajío (m)	тайыз жер	tajız dʒer
encallar (vi)	тайыз жерге отуруу	tajız dʒerge oturuu

tempestad (f)	бороон чапкын	boroon ʧapkın
señal (f)	сигнал	signal
hundirse (vr)	чөгүү	ʧøgyy
¡Hombre al agua!	Сууда адам бар!	suuda adam bar!
SOS	SOS	sos
aro (m) salvavidas	куткаруучу тегерек	kutkaruuʧu tegerek

144. El aeropuerto

aeropuerto (m)	аэропорт	aeroport
avión (m)	учак	uʧak
compañía (f) aérea	авиакомпания	aviakompanija
controlador (m) aéreo	авиадиспетчер	aviadispettʃer

despegue (m)	учуп кетүү	uʧup ketyy
llegada (f)	учуп келүү	uʧup kelyy
llegar (en avión)	учуп келүү	uʧup kelyy

| hora (f) de salida | учуп кетүү убактысы | uʧup ketyy ubaktısı |
| hora (f) de llegada | учуп келүү убактысы | uʧup kelyy ubaktısı |

| retrasarse (vr) | кармалуу | karmaluu |
| retraso (m) de vuelo | учуп кетүүнүн кечигиши | uʧup ketyynyn ketʃigiʃi |

| pantalla (f) de información | маалымат таблосу | maalımat tablosu |
| información (f) | маалымат | maalımat |

| anunciar (vt) | кулактандыруу | kulaktandıruu |
| vuelo (m) | рейс | rejs |

| aduana (f) | бажыкана | badʒıkana |
| aduanero (m) | бажы кызматкери | badʒı kızmatkeri |

declaración (f) de aduana	бажы декларациясы	badʒı deklaratsijası
rellenar (vt)	толтуруу	tolturuu
rellenar la declaración	декларация толтуруу	deklaratsija tolturuu
control (m) de pasaportes	паспорт текшерүү	pasport tekʃeryy

equipaje (m)	жүк	dʒyk
equipaje (m) de mano	кол жүгү	kol dʒygy
carrito (m) de equipaje	араба	araba

aterrizaje (m)	конуу	konuu
pista (f) de aterrizaje	конуу тилкеси	konuu tilkesi
aterrizar (vi)	конуу	konuu
escaleras (f pl) (de avión)	трап	trap

facturación (f) (check-in)	катталуу	kattaluu
mostrador (m) de facturación	каттоо стойкасы	kattoo stojkası
hacer el check-in	катталуу	kattaluu
tarjeta (f) de embarque	отуруу үчүн талон	oturuu ytʃyn talon
puerta (f) de embarque	чыгуу	tʃıguu

tránsito (m)	транзит	tranzit
esperar (aguardar)	күтүү	kytyy
zona (f) de preembarque	күтүү залы	kutyy zalı
despedir (vt)	узатуу	uzatuu
despedirse (vr)	коштошуу	koʃtoʃuu

145. La bicicleta. La motocicleta

bicicleta (f)	велосипед	velosiped
scooter (f)	мотороллер	motoroller
motocicleta (f)	мотоцикл	mototsikl

ir en bicicleta	велосипедде жүрүү	velosipedde dʒyryy
manillar (m)	руль	rulʲ
pedal (m)	педаль	pedalʲ
frenos (m pl)	тормоз	tormoz
sillín (m)	отургуч	oturgutʃ

| bomba (f) | соркыскыч | sorkıskıtʃ |
| portaequipajes (m) | багажник | bagadʒnik |

| faro (m) | фонарь | fonarʲ |
| casco (m) | шлем | ʃlem |

rueda (f)	дөңгөлөк	døŋgøløk
guardabarros (m)	калкан	kalkan
llanta (f)	дөңгөлөктүн алкагы	døŋgøløktyn alkagı
rayo (m)	чабак	tʃabak

Los coches

146. Tipos de carros

coche (m)	автоунаа	avtounaa
coche (m) deportivo	спорттук автоунаа	sporttuk avtounaa
limusina (f)	лимузин	limuzin
todoterreno (m)	жолтандабас	dʒoltandabas
cabriolé (m)	кабриолет	kabriolet
microbús (m)	микроавтобус	mikroavtobus
ambulancia (f)	тез жардам	tez dʒardam
quitanieves (m)	кар күрөөчү машина	kar kyrøøtʃy maʃina
camión (m)	жүк ташуучу машина	dʒyk taʃuutʃu maʃina
camión (m) cisterna	бензовоз	benzovoz
camioneta (f)	фургон	furgon
remolcador (m)	тягач	tʲagatʃ
remolque (m)	чиркегич	tʃirkegitʃ
confortable (adj)	жайлуу	dʒajluu
de ocasión (adj)	колдонулган	koldonulgan

147. Los carros. Taller de pintura

capó (m)	капот	kapot
guardabarros (m)	калкан	kalkan
techo (m)	үстү	ysty
parabrisas (m)	шамалдан тоскон айнек	ʃamaldan toskon ajnek
espejo (m) retrovisor	арткы күзгү	artkı kyzgy
limpiador (m)	айнек жуугуч	ajnek dʒuugutʃ
limpiaparabrisas (m)	щётка	ʃtʃʲotka
ventana (f) lateral	каптал айнек	kaptal ajnek
elevalunas (m)	айнек көтөргүч	ajnek køtørgytʃ
antena (f)	антенна	antenna
techo (m) solar	люк	lʉk
parachoques (m)	бампер	bamper
maletero (m)	жүк салгыч	dʒyk salgıtʃ
baca (f) (portaequipajes)	жүк салгыч	dʒyk salgıtʃ
puerta (f)	эшик	eʃik
tirador (m) de puerta	кармагыч	karmagıtʃ
cerradura (f)	кулпу	kulpu
matrícula (f)	номер	nomer
silenciador (m)	глушитель	gluʃitelʲ

tanque (m) de gasolina	бензобак	benzobak
tubo (m) de escape	калдыктар түтүгү	kaldıktar tytygy
acelerador (m)	газ	gaz
pedal (m)	педаль	pedalı
pedal (m) de acelerador	газ педали	gaz pedali
freno (m)	тормоз	tormoz
pedal (m) de freno	тормоздун педалы	tormozdun pedalı
frenar (vi)	тормоз басуу	tormoz basuu
freno (m) de mano	токтомо тормозу	toktomo tormozu
embrague (m)	илиштирүү	iliſtiryy
pedal (m) de embrague	илиштирүү педали	iliſtiryy pedali
disco (m) de embrague	илиштирүү диски	iliſtiryy diski
amortiguador (m)	амортизатор	amortizator
rueda (f)	дөңгөлөк	døŋgøløk
rueda (f) de repuesto	запас дөңгөлөгү	zapas døŋgøløgy
neumático (m)	покрышка	pokrıſka
tapacubo (m)	жапкыч	dʒapkıtʃ
ruedas (f pl) motrices de tracción delantera	салма дөңгөлөктөр алдыңкы дөңгөлөк салмалуу	salma døŋgøløktør aldıŋkı døŋgøløk salmaluu
de tracción trasera	арткы дөңгөлөк салмалуу	artkı døŋgøløk salmaluu
de tracción integral	бардык дөңгөлөк салмалуу	bardık døŋgøløk salmaluu
caja (f) de cambios	бергилик куту	bergilik kutu
automático (adj)	автоматтык	avtomattık
mecánico (adj)	механикалуу	meχanikaluu
palanca (f) de cambios	бергилик кутунун жылышуусу	bergilik kutunun dʒılıʃuusu
faro (m) delantero	фара	fara
faros (m pl)	фаралар	faralar
luz (f) de cruce	жакынкы чырак	dʒakınkı tʃırak
luz (f) de carretera	алыскы чырак	alıskı tʃırak
luz (f) de freno	стоп-сигнал	stop-signal
luz (f) de posición	габарит чырактары	gabarit tʃıraktarı
luces (f pl) de emergencia	авария чырактары	avarija tʃıraktarı
luces (f pl) antiniebla	туманга каршы чырактар	tumanga karʃı tʃıraktar
intermitente (m)	бурулуш чырагы	buruluʃ tʃıragı
luz (f) de marcha atrás	арткы чырак	artkı tʃırak

148. Los carros. El compartimento de pasajeros

habitáculo (m)	салон	salon
de cuero (adj)	тери	teri
de felpa (adj)	велюр	velʉr
revestimiento (m)	каптоо	kaptoo

instrumento (m)	алет	alet
salpicadero (m)	алет панели	alet paneli
velocímetro (m)	спидометр	spidometr
aguja (f)	жебе	dʒebe

cuentakilómetros (m)	эсептегич	eseptegitʃ
indicador (m)	көрсөткүч	kørsøtkytʃ
nivel (m)	деңгээл	deŋgeel
testigo (m) (~ luminoso)	көрсөткүч	kørsøtkytʃ

volante (m)	руль	rulʲ
bocina (f)	сигнал	signal
botón (m)	баскыч	baskɪtʃ
interruptor (m)	которгуч	kotorgutʃ

asiento (m)	орун	orun
respaldo (m)	жөлөнгүч	dʒøløngytʃ
reposacabezas (m)	баш жөлөгүч	baʃ dʒøløgytʃ
cinturón (m) de seguridad	орундук куру	orunduk kuru
abrocharse el cinturón	курду тагынуу	kurdu tagɪnuu
reglaje (m)	жөндөө	dʒøndøø

bolsa (f) de aire (airbag)	аба жаздыкчасы	aba dʒazdɪktʃası
climatizador (m)	аба желдеткич	aba dʒeldetkitʃ

radio (f)	үналгы	ynalgɪ
reproductor (m) de CD	CD-ойноткуч	sidi-ojnotkutʃ
encender (vt)	жүргүзүү	dʒyrgyzyy
antena (f)	антенна	antenna
guantera (f)	колкап бөлүмү	kolkap bølymy
cenicero (m)	күл салгыч	kyl salgɪtʃ

149. Los carros. El motor

motor (m)	кыймылдаткыч	kɪjmɪldatkɪtʃ
motor (m)	мотор	motor
diesel (adj)	дизель менен	dizelʲ menen
a gasolina (adj)	бензин менен	benzin menen

volumen (m) del motor	кыймылдаткычтын көлөмү	kɪjmɪldatkɪtʃtɪn kølømy

potencia (f)	кубатуулугу	kubatuulugu
caballo (m) de fuerza	ат күчү	at kytʃy
pistón (m)	бишкек	biʃkek
cilindro (m)	цилиндр	tsilindr
válvula (f)	сарпкапкак	sarpkapkak

inyector (m)	бүрккүч	byrkkytʃ
generador (m)	генератор	generator
carburador (m)	карбюратор	karbʉrator
aceite (m) de motor	мотор майы	motor majı

radiador (m)	радиатор	radiator
liquido (m) refrigerante	суутуучу суюктук	suutuutʃu sujʉktuk

ventilador (m)	желдеткич	dʒeldetkitʃ
batería (f)	аккумулятор	akkumulʼator
estárter (m)	стартер	starter
encendido (m)	от алдыруу	ot aldıruu
bujía (f) de ignición	от алдыруу шамы	ot aldıruu ʃamı

terminal (f)	клемма	klemma
terminal (f) positiva	плюс	plʉs
terminal (f) negativa	минус	minus
fusible (m)	эриме сактагыч	erime saktagıtʃ

filtro (m) de aire	аба чыпкасы	aba tʃıpkası
filtro (m) de aceite	май чыпкасы	maj tʃıpkası
filtro (m) de combustible	күйүүчү май чыпкасы	kyjyytʃy may tʃıpkası

150. Los carros. Los choques. La reparación

accidente (m)	авто урунушу	avto urunuʃu
accidente (m) de tráfico	жол кырсыгы	dʒol kırsıgı
chocar contra ...	урунуу	urunuu
tener un accidente	талкалануу	talkalanuu
daño (m)	бузулуу	buzuluu
intacto (adj)	бүтүн	bytyn

pana (f)	бузулуу	buzuluu
averiarse (vr)	бузулуп калуу	buzulup kaluu
remolque (m) (cuerda)	сүйрөө арканы	syjrøø arkanı

pinchazo (m)	тешилип калуу	teʃilip kaluu
desinflarse (vr)	желин чыгаруу	dʒelin tʃıgaruu
inflar (vt)	үйлөтүү	yjløtyy
presión (f)	басым	basım
verificar (vt)	текшерүү	tekʃeryy

reparación (f)	оңдоо	oŋdoo
taller (m)	автосервис	avtoservis
parte (f) de repuesto	белен тетик	belen tetik
parte (f)	тетик	tetik

perno (m)	буроо	buroo
tornillo (m)	буралма	buralma
tuerca (f)	бурама	burama
arandela (f)	эбелек	ebelek
rodamiento (m)	мунакҗаздам	munakdʒazdam

tubo (m)	түтүк	tytyk
junta (f)	тешем	tøʃøm
hilo (m)	зым	zım

gato (m)	домкрат	domkrat
llave (f) de tuerca	гайка ачкычы	gajka atʃkıtʃı
martillo (m)	балка	balka
bomba (f)	соркыскыч	sorkıskıtʃ
destornillador (m)	бурагыч	buragıtʃ

extintor (m)	өрт өчүргүч	ørt øʧyrgyʧ
triángulo (m) de avería	эскертүү үчбурчтук	eskertyy yʧburʧtuk
calarse (vr)	өчүп калуу	øʧyp kaluu
parada (f) (del motor)	иштебей калуу	iʃtebej kaluu
estar averiado	бузулуп калуу	buzulup kaluu
recalentarse (vr)	кайнап кетүү	kajnap ketyy
estar atascado	тыгылуу	tıgıluu
congelarse (vr)	тоңуп калуу	toŋup kaluu
reventar (vi)	жарылып кетүү	dʒarılıp ketyy
presión (f)	басым	basım
nivel (m)	деңгээл	deŋgeel
flojo (correa ~a)	бош	boʃ
abolladura (f)	кабырылуу	kabırıluu
ruido (m) (en el motor)	такылдоо	takıldoo
grieta (f)	жарака	dʒaraka
rozadura (f)	чийилип калуу	ʧijilip kaluu

151. Los carros. La calle

camino (m)	жол	dʒol
autovía (f)	кан жол	kan dʒol
carretera (f)	шоссе	ʃosse
dirección (f)	багыт	bagıt
distancia (f)	аралык	aralık
puente (m)	көпүрө	køpyrø
aparcamiento (m)	унаа токтоочу жай	unaa toktooʧu dʒaj
plaza (f)	аянт	ajant
intercambiador (m)	баштан өйдө өткөн жол	baʃtan øjdø øtkøn dʒol
túnel (m)	тоннель	tonnelʲ
gasolinera (f)	май куюучу станция	maj kujuuʧu stantsija
aparcamiento (m)	унаа токтоочу жай	unaa toktooʧu dʒaj
surtidor (m)	колонка	kolonka
taller (m)	автосервис	avtoservis
cargar gasolina	май куюу	maj kujuu
combustible (m)	күйүүчү май	kyjyyʧy may
bidón (m) de gasolina	канистра	kanistra
asfalto (m)	асфальт	asfalʲt
señalización (f) vial	салынган тамга	salıngan tamga
bordillo (m)	бордюр	bordur
barrera (f) de seguridad	тосмо	tosmo
cuneta (f)	арык	arık
borde (m) de la carretera	жол чети	dʒol ʧeti
farola (f)	чырак мамы	ʧırak mamı
conducir (vi, vt)	айдоо	ajdoo
girar (~ a la izquierda)	бурулуу	buruluu
dar la vuelta en U	артка кайтуу	artka kajtuu

marcha (f) atrás	артка айдоо	artka ajdoo
tocar la bocina	сигнал берүү	signal beryy
bocinazo (m)	дабыш сигналы	dabıʃ signalı
atascarse (vr)	тыгылып калуу	tıgılıp kaluu
patinar (vi)	сүйрөө	syjrøø
parar (el motor)	басаңдатуу	basaŋdatuu
velocidad (f)	ылдамдык	ıldamdık
exceder la velocidad	ылдамдыктан ашуу	ıldamdıktan aʃuu
multar (vt)	айып салуу	ajıp saluu
semáforo (m)	светофор	svetofor
permiso (m) de conducir	айдоочу күбөлүгү	ajdootʃu kybølygy
paso (m) a nivel	кесип өтмө	kesip øtmø
cruce (m)	кесилиш	kesiliʃ
paso (m) de peatones	жөө жүрүүчүлөр жолу	dʒøø dʒyryytʃylør dʒolu
curva (f)	бурулуш	buruluʃ
zona (f) de peatones	жөө жүрүүчүлөр алкагы	dʒøø dʒyryytʃylør alkagı

LA GENTE. ACONTECIMIENTOS DE LA VIDA

Acontecimentos de la vida

152. Los días festivos. Los eventos

fiesta (f)	майрам	majram
fiesta (f) nacional	улуттук	uluttuk
día (m) de fiesta	майрам күнү	majram kyny
festejar (vt)	майрамдоо	majramdoo
evento (m)	окуя	okuja
medida (f)	иш-чара	iʃ-ʧara
banquete (m)	банкет	banket
recepción (f)	кабыл алуу	kabıl aluu
festín (m)	той	toj
aniversario (m)	жылдык	dʒıldık
jubileo (m)	юбилей	jʉbilej
celebrar (vt)	белгилөө	belgiløø
Año (m) Nuevo	Жаңы жыл	dʒanı dʒıl
¡Feliz Año Nuevo!	Жаңы Жылыңар менен!	dʒanı dʒılıŋar menen!
Papá Noel (m)	Аяз ата, Санта Клаус	ajaz ata, santa klaus
Navidad (f)	Рождество	rodʒdestvo
¡Feliz Navidad!	Рождество майрамыңыз менен!	rodʒdestvo majramıŋız menen!
árbol (m) de Navidad	Жаңы жылдык балаты	dʒaŋı dʒıldık balatı
fuegos (m pl) artificiales	салют	salʉt
boda (f)	үйлөнүү той	yjlønyy toy
novio (m)	күйөө	kyjøø
novia (f)	колукту	koluktu
invitar (vt)	чакыруу	ʧakıruu
tarjeta (f) de invitación	чакыруу	ʧakıruu
invitado (m)	конок	konok
visitar (vt) (a los amigos)	конокко баруу	konokko baruu
recibir a los invitados	конок тосуу	konok tosuu
regalo (m)	белек	belek
regalar (vt)	белек берүү	belek beryy
recibir regalos	белек алуу	belek aluu
ramo (m) de flores	десте	deste
felicitación (f)	куттуктоо	kuttuktoo
felicitar (vt)	куттуктоо	kuttuktoo

tarjeta (f) de felicitación	куттуктоо ачык каты	kuttuktoo atʃık katı
enviar una tarjeta	ачык катты жөнөтүү	atʃık kattı dʒønøtyy
recibir una tarjeta	ачык катты алуу	atʃık kattı aluu
brindis (m)	каалоо тилек	kaaloo tilek
ofrecer (~ una copa)	ооз тийгизүү	ooz tijgizyy
champaña (f)	шампан	ʃampan
divertirse (vr)	көңүл ачуу	køŋyl atʃuu
diversión (f)	көңүлдүүлүк	køŋyldyylyk
alegría (f) (emoción)	кубаныч	kubanıtʃ
baile (m)	бий	bij
bailar (vi, vt)	бийлөө	bijløø
vals (m)	вальс	valʲs
tango (m)	танго	tango

153. Los funerales. El entierro

cementerio (m)	мүрзө	myrzø
tumba (f)	мүрзө	myrzø
cruz (f)	крест	krest
lápida (f)	мүрзө үстүндөгү жазуу	myrzø ystyndøgy dʒazuu
verja (f)	тосмо	tosmo
capilla (f)	кичинекей чиркөө	kitʃinekej tʃirkøø
muerte (f)	өлүм	ølym
morir (vi)	өлүү	ølyy
difunto (m)	маркум	markum
luto (m)	аза	aza
enterrar (vt)	көмүү	kømyy
funeraria (f)	ырасым бюросу	ırasım bʉrosu
entierro (m)	сөөк узатуу жана көмүү	søøk uzatuu dʒana kømyy
corona (f) funeraria	гүлчамбар	gyltʃambar
ataúd (m)	табыт	tabıt
coche (m) fúnebre	катафалк	katafalk
mortaja (f)	кепин	kepin
cortejo (m) fúnebre	узатуу жүрүшү	uzatuu dʒyryʃy
urna (f) funeraria	сөөк күлдүн кутусу	søøk kyldyn kutusu
crematorio (m)	крематорий	krematorij
necrología (f)	некролог	nekrolog
llorar (vi)	ыйлоо	ıjloo
sollozar (vi)	боздоп ыйлоо	bozdop ıjloo

154. La guerra. Los soldados

sección (f)	взвод	vzvod
compañía (f)	рота	rota

regimiento (m)	полк	polk
ejército (m)	армия	armija
división (f)	дивизия	divizija
destacamento (m)	отряд	otrʲad
hueste (f)	куралдуу аскер	kuralduu asker
soldado (m)	аскер	asker
oficial (m)	офицер	ofitser
soldado (m) raso	катардагы жоокер	katardagı dʒooker
sargento (m)	сержант	serdʒant
teniente (m)	лейтенант	lejtenant
capitán (m)	капитан	kapitan
mayor (m)	майор	major
coronel (m)	полковник	polkovnik
general (m)	генерал	general
marino (m)	деңизчи	deŋiztʃi
capitán (m)	капитан	kapitan
contramaestre (m)	боцман	botsman
artillero (m)	артиллерист	artillerist
paracaidista (m)	десантник	desantnik
piloto (m)	учкуч	utʃkutʃ
navegador (m)	штурман	ʃturman
mecánico (m)	механик	meχanik
zapador (m)	сапёр	sapʲor
paracaidista (m)	парашютист	paraʃutist
explorador (m)	чалгынчы	tʃalgıntʃı
francotirador (m)	көзатар	køzatar
patrulla (f)	жол-күзөт	dʒol-kyzøt
patrullar (vi, vt)	жол-күзөткө чыгуу	dʒol-kyzøtkø tʃıguu
centinela (m)	сакчы	saktʃı
guerrero (m)	жоокер	dʒooker
patriota (m)	мекенчил	mekentʃil
héroe (m)	баатыр	baatır
heroína (f)	баатыр айым	baatır ajım
traidor (m)	чыккынчы	tʃıkkıntʃı
traicionar (vt)	кыянаттык кылуу	kıjanattık kıluu
desertor (m)	качкын	katʃkın
desertar (vi)	качуу	katʃuu
mercenario (m)	жалданма	dʒaldanma
recluta (m)	жаңы алынган аскер	dʒaŋı alıngan asker
voluntario (m)	ыктыярчы	ıktıjartʃı
muerto (m)	өлтүрүлгөн	øltyrylgøn
herido (m)	жарадар	dʒaradar
prisionero (m)	туткун	tutkun

155. La guerra. Las maniobras militares. Unidad 1

guerra (f)	согуш	soguʃ
estar en guerra	согушуу	soguʃuu
guerra (f) civil	жарандык согуш	dʒarandık soguʃ
pérfidamente (adv)	жүзү каралык менен кол салуу	dʒyzy karalık menen kol saluu
declaración (f) de guerra	согушту жарыялоо	soguʃtu dʒarıjaloo
declarar (~ la guerra)	согуш жарыялоо	soguʃ dʒarıjaloo
agresión (f)	агрессия	agressija
atacar (~ a un país)	кол салуу	kol saluu
invadir (vt)	басып алуу	basıp aluu
invasor (m)	баскынчы	baskıntʃı
conquistador (m)	басып алуучу	basıp aluutʃu
defensa (f)	коргонуу	korgonuu
defender (vt)	коргоо	korgoo
defenderse (vr)	коргонуу	korgonuu
enemigo (m)	душман	duʃman
adversario (m)	каршылаш	karʃılaʃ
enemigo (adj)	душмандын	duʃmandın
estrategia (f)	стратегия	strategija
táctica (f)	тактика	taktika
orden (f)	буйрук	bujruk
comando (m)	команда	komanda
ordenar (vt)	буйрук берүү	bujruk beryy
misión (f)	тапшырма	tapʃırma
secreto (adj)	жашыруун	dʒaʃıruun
batalla (f)	салгылаш	salgılaʃ
batalla (f)	согуш	soguʃ
combate (m)	салгылаш	salgılaʃ
ataque (m)	чабуул	tʃabuul
asalto (m)	чабуул	tʃabuul
tomar por asalto	чабуул жасоо	tʃabuul dʒasoo
asedio (m), sitio (m)	тегеректеп курчоо	tegerektep kurtʃoo
ofensiva (f)	чабуул	tʃabuul
tomar la ofensiva	чабуул салуу	tʃabuul saluu
retirada (f)	чегинүү	tʃeginyy
retirarse (vr)	чегинүү	tʃeginyy
envolvimiento (m)	курчоо	kurtʃoo
cercar (vt)	курчоого алуу	kurtʃoogo aluu
bombardeo (m)	бомба жаадыруу	bomba dʒaadıruu
lanzar una bomba	бомба таштоо	bomba taʃtoo
bombear (vt)	бомба жаадыруу	bomba dʒaadıruu

explosión (f)	жарылуу	dʒarıluu
tiro (m), disparo (m)	атылуу	atıluu
disparar (vi)	атуу	atuu
tiroteo (m)	атуу	atuu

apuntar a ...	мээлөө	meeløø
encarar (apuntar)	мээлөө	meeløø
alcanzar (el objetivo)	тийүү	tijyy

hundir (vt)	чөктүрүү	tʃøktyryy
brecha (f) (~ en el casco)	тешик	teʃik
hundirse (vr)	суу астына кетүү	suu astına ketyy

frente (m)	майдан	majdan
evacuación (f)	эвакуация	evakuatsija
evacuar (vt)	эвакуациялоо	evakuatsijaloo

trinchera (f)	окоп	okop
alambre (m) de púas	тикендүү зым	tikendyy zım
barrera (f) (~ antitanque)	тосмо	tosmo
torre (f) de vigilancia	мунара	munara

hospital (m)	госпиталь	gospitalʲ
herir (vt)	жарадар кылуу	dʒaradar kıluu
herida (f)	жара	dʒara
herido (m)	жарадар	dʒaradar
recibir una herida	жаракат алуу	dʒarakat aluu
grave (herida)	оор жаракат	oor dʒarakat

156. Las armas

arma (f)	курал	kural
arma (f) de fuego	курал жарак	kural dʒarak
arma (f) blanca	атылбас курал	atılbas kural

arma (f) química	химиялык курал	χimijalık kural
nuclear (adj)	ядерлүү	jaderlyy
arma (f) nuclear	ядерлүү курал	jaderlyy kural

bomba (f)	бомба	bomba
bomba (f) atómica	атом бомбасы	atom bombası

pistola (f)	тапанча	tapantʃa
fusil (m)	мылтык	mıltık
metralleta (f)	автомат	avtomat
ametralladora (f)	пулемёт	pulemʲot

boca (f)	мылтыктын оозу	mıltıktın oozu
cañón (m) (del arma)	ствол	stvol
calibre (m)	калибр	kalibr

gatillo (m)	курок	kurok
alza (f)	кароолго алуу	karoolgo aluu
cargador (m)	магазин	magazin

culata (f)	күндак	kyndak
granada (f) de mano	граната	granata
explosivo (m)	жарылуучу зат	dʒarıluutʃu zat
bala (f)	ок	ok
cartucho (m)	патрон	patron
carga (f)	дүрмөк	dyrmøk
pertrechos (m pl)	ок-дары	ok-darı
bombardero (m)	бомбалоочу	bombalootʃu
avión (m) de caza	кыйраткыч учак	kıjratkıtʃ utʃak
helicóptero (m)	вертолёт	vertolʲot
antiaéreo (m)	зенитка	zenitka
tanque (m)	танк	tank
cañón (m) (de un tanque)	замбирек	zambirek
artillería (f)	артиллерия	artillerija
cañón (m) (arma)	замбирек	zambirek
dirigir (un misil, etc.)	мээлөө	meeløø
obús (m)	снаряд	snarʲad
bomba (f) de mortero	мина	mina
mortero (m)	миномёт	minomʲot
trozo (m) de obús	сыныктар	sınıktar
submarino (m)	суу астында жүрүүчү кеме	suu astında dʒyryytʃy keme
torpedo (m)	торпеда	torpeda
misil (m)	ракета	raketa
cargar (pistola)	октоо	oktoo
tirar (vi)	атуу	atuu
apuntar a ...	мээлөө	meeløø
bayoneta (f)	найза	najza
espada (f) (duelo a ~)	шпага	ʃpaga
sable (m)	кылыч	kılıtʃ
lanza (f)	найза	najza
arco (m)	жаа	dʒaa
flecha (f)	жебе	dʒebe
mosquete (m)	мушкет	muʃket
ballesta (f)	арбалет	arbalet

157. Los pueblos antiguos

primitivo (adj)	алгачкы	algatʃkı
prehistórico (adj)	тарыхтан илгери	tarıχtan ilgeri
antiguo (adj)	байыркы	bajırkı
Edad (f) de Piedra	Таш доору	taʃ dooru
Edad (f) de Bronce	Коло доору	kolo dooru
Edad (f) de Hielo	Муз доору	muz dooru
tribu (f)	уруу	uruu

caníbal (m)	адам жегич	adam dʒegitʃ
cazador (m)	аңчы	aŋtʃı
cazar (vi, vt)	аңчылык кылуу	aŋtʃılık kıluu
mamut (m)	мамонт	mamont

caverna (f)	үңкүр	yŋkyr
fuego (m)	от	ot
hoguera (f)	от	ot
pintura (f) rupestre	ташка чегерилген сүрөт	taʃka tʃegerilgen syrøt

útil (m)	эмгек куралы	emgek kuralı
lanza (f)	найза	najza
hacha (f) de piedra	таш балта	taʃ balta
estar en guerra	согушуу	soguʃuu
domesticar (vt)	колго көндүрүү	kolgo køndyryy

ídolo (m)	бут	but
adorar (vt)	сыйынуу	sıjınuu
superstición (f)	жок нерсеге ишенүү	dʒok nersege iʃenyy
rito (m)	ырым-жырым	ırım-dʒırım

evolución (f)	эволюция	evolʉtsija
desarrollo (m)	өнүгүү	ønygyy
desaparición (f)	жок болуу	dʒok boluu
adaptarse (vr)	ылайыкташуу	ılajıktaʃuu

arqueología (f)	археология	arχeologija
arqueólogo (m)	археолог	arχeolog
arqueológico (adj)	археологиялык	arχeologijalık

sitio (m) de excavación	казуу жери	kazuu dʒeri
excavaciones (f pl)	казуу иштери	kazuu iʃteri
hallazgo (m)	табылга	tabılga
fragmento (m)	фрагмент	fragment

158. La edad media

pueblo (m)	эл	el
pueblos (m pl)	элдер	elder
tribu (f)	уруу	uruu
tribus (f pl)	уруулар	uruular

bárbaros (m pl)	варварлар	varvarlar
galos (m pl)	галлдар	galldar
godos (m pl)	готтор	gottor
eslavos (m pl)	славяндар	slavˈandar
vikingos (m pl)	викингдер	vikingder

romanos (m pl)	римдиктер	rimdikter
romano (adj)	римдик	rimdik

bizantinos (m pl)	византиялыктар	vizantijalıktar
Bizancio (m)	Византия	vizantija
bizantino (adj)	византиялык	vizantijalık

emperador (m)	император	imperator
jefe (m)	башчы	baʃtʃı
poderoso (adj)	кудуреттүү	kudurettyy
rey (m)	король, падыша	korolʲ, padıʃa
gobernador (m)	башкаруучу	baʃkaruutʃu
caballero (m)	рыцарь	rıtsarʲ
señor (m) feudal	феодал	feodal
feudal (adj)	феодалдуу	feodalduu
vasallo (m)	вассал	vassal
duque (m)	герцог	gertsog
conde (m)	граф	graf
barón (m)	барон	baron
obispo (m)	епископ	episkop
armadura (f)	курал жана соот-шайман	kural dʒana soot-ʃajman
escudo (m)	калкан	kalkan
espada (f) (danza de ~s)	кылыч	kılıtʃ
visera (f)	туулганын бет калканы	tuulganın bet kalkanı
cota (f) de malla	зоот	zoot
cruzada (f)	крест астындагы черүү	krest astındagı tʃeryy
cruzado (m)	черүүгө чыгуучу	tʃeryygø tʃıguutʃu
territorio (m)	аймак	ajmak
atacar (~ a un país)	кол салуу	kol saluu
conquistar (vt)	ээ болуу	ee boluu
ocupar (invadir)	басып алуу	basıp aluu
asedio (m), sitio (m)	тегеректеп курчоо	tegerektep kurtʃoo
sitiado (adj)	курчалган	kurtʃalgan
asediar, sitiar (vt)	курчоого алуу	kurtʃoogo aluu
inquisición (f)	инквизиция	inkvizitsija
inquisidor (m)	инквизитор	inkvizitor
tortura (f)	кыйноо	kıjnoo
cruel (adj)	ырайымсыз	ırajımsız
hereje (m)	еретик	eretik
herejía (f)	ересь	eresʲ
navegación (f) marítima	деңизде сүзүү	deŋizde syzyy
pirata (m)	деңиз каракчысы	deŋiz karaktʃısı
piratería (f)	деңиз каракчылыгы	deŋiz karaktʃılıgı
abordaje (m)	абордаж	abordadʒ
botín (m)	олжо	oldʒo
tesoros (m pl)	казына	kazına
descubrimiento (m)	ачылыш	atʃılıʃ
descubrir (tierras nuevas)	таап ачуу	taap atʃuu
expedición (f)	экспедиция	ekspeditsija
mosquetero (m)	мушкетёр	muʃketʲor
cardenal (m)	кардинал	kardinal
heráldica (f)	геральдика	geralʲdika
heráldico (adj)	гералдык	geraldık

159. El líder. El jefe. Las autoridades

rey (m)	король, падыша	korolʲ, padıʃa
reina (f)	ханыша	χanıʃa
real (adj)	падышалык	padıʃalık
reino (m)	падышалык	padıʃalık

príncipe (m)	канзаада	kanzaada
princesa (f)	ханбийке	χanbijke

presidente (m)	президент	prezident
vicepresidente (m)	вице-президент	vitse-prezident
senador (m)	сенатор	senator

monarca (m)	монарх	monarχ
gobernador (m)	башкаруучу	baʃkaruutʃu
dictador (m)	диктатор	diktator
tirano (m)	зулум	zulum
magnate (m)	магнат	magnat

director (m)	директор	direktor
jefe (m)	башчы	baʃtʃı
gerente (m)	башкаруучу	baʃkaruutʃu
amo (m)	шеф	ʃef
dueño (m)	кожоюн	kodʒodʒun

jefe (m), líder (m)	алдыңкы катардагы	aldıŋkı katardagı
jefe (m) (~ de delegación)	башчы	baʃtʃı
autoridades (f pl)	бийликтер	bijlikter
superiores (m pl)	башчылар	baʃtʃılar

gobernador (m)	губернатор	gubernator
cónsul (m)	консул	konsul
diplomático (m)	дипломат	diplomat
alcalde (m)	мэр	mer
sheriff (m)	шериф	ʃerif

emperador (m)	император	imperator
zar (m)	падыша	padıʃa
faraón (m)	фараон	faraon
jan (m), kan (m)	хан	χan

160. Violar la ley. Los criminales. Unidad 1

bandido (m)	ууру-кески	uuru-keski
crimen (m)	кылмыш	kılmıʃ
criminal (m)	кылмышкер	kılmıʃker

ladrón (m)	ууру	uuru
robar (vt)	уурдоо	uurdoo
robo (m) (actividad)	уруулук	uruuluk
robo (m) (hurto)	уурдоо	uurdoo
secuestrar (vt)	ала качуу	ala katʃuu

secuestro (m)	ала качуу	ala katʃuu
secuestrador (m)	ала качуучу	ala katʃuutʃu
rescate (m)	кутказуу акчасы	kutkazuu aktʃası
exigir un rescate	кутказуу акчага	kutkazuu aktʃaga
	талап коюу	talap kojʉu
robar (vt)	тоноо	tonoo
robo (m)	тоноо	tonoo
atracador (m)	тоноочу	tonootʃu
extorsionar (vt)	опузалоо	opuzaloo
extorsionista (m)	опузалоочу	opuzalootʃu
extorsión (f)	опуза	opuza
matar, asesinar (vt)	өлтүрүү	øltyryy
asesinato (m)	өлтүрүү	øltyryy
asesino (m)	киши өлтүргүч	kiʃi øltyrgytʃ
tiro (m), disparo (m)	атылуу	atıluu
disparar (vi)	атуу	atuu
matar (a tiros)	атып салуу	atıp saluu
tirar (vi)	атуу	atuu
tiroteo (m)	атышуу	atıʃuu
incidente (m)	окуя	okuja
pelea (f)	уруш	uruʃ
¡Socorro!	Жардамга!	dʒardamga!
víctima (f)	жапа чеккен	dʒapa tʃekken
perjudicar (vt)	зыян келтирүү	zıjan keltiryy
daño (m)	залал	zalal
cadáver (m)	өлүк	ølyk
grave (un delito ~)	оор	oor
atacar (vt)	кол салуу	kol saluu
pegar (golpear)	уруу	uruu
apporear (vt)	ур-токмокко алуу	ur-tokmokko aluu
quitar (robar)	тартып алуу	tartıp aluu
acuchillar (vt)	союп өлтүрүү	sojʉp øltyryy
mutilar (vt)	майып кылуу	majıp kıluu
herir (vt)	жарадар кылуу	dʒaradar kıluu
chantaje (m)	шантаж кылуу	ʃantadʒ kıluu
hacer chantaje	шантаждоо	ʃantadʒdoo
chantajista (m)	шантажист	ʃantadʒist
extorsión (f)	рэкет	reket
extorsionador (m)	рэкетир	reketir
gángster (m)	гангстер	gangster
mafia (f)	мафия	mafija
carterista (m)	чөнтөк ууру	tʃøntøk uuru
ladrón (m) de viviendas	бузуп алуучу ууру	buzup aluutʃu uuru
contrabandismo (m)	контрабанда	kontrabanda
contrabandista (m)	контрабандачы	kontrabandatʃı

falsificación (f)	окшотуп жасоо	okʃotup ʤasoo
falsificar (vt)	жасалмалоо	ʤasalmaloo
falso (falsificado)	жасалма	ʤasalma

161. Violar la ley. Los criminales. Unidad 2

violación (f)	зордуктоо	zorduktoo
violar (vt)	зордуктоо	zorduktoo
violador (m)	зордукчул	zorduktʃul
maníaco (m)	маньяк	manjak

prostituta (f)	сойку	sojku
prostitución (f)	сойкучулук	sojkutʃuluk
chulo (m), proxeneta (m)	жак бакты	ʤak baktı

| drogadicto (m) | баңги | baŋgi |
| narcotraficante (m) | баңгизат сатуучу | baŋgizat satuutʃu |

hacer explotar	жардыруу	ʤardıruu
explosión (f)	жарылуу	ʤarıluu
incendiar (vt)	өрттөө	ørttøø
incendiario (m)	өрттөөчү	ørttøøtʃy

terrorismo (m)	терроризм	terrorizm
terrorista (m)	террорист	terrorist
rehén (m)	заложник	zaloʤnik

estafar (vt)	алдоо	aldoo
estafa (f)	алдамчылык	aldamtʃılık
estafador (m)	алдамчы	aldamtʃı

sobornar (vt)	сатып алуу	satıp aluu
soborno (m) (delito)	сатып алуу	satıp aluu
soborno (m) (dinero, etc.)	пара	para

veneno (m)	уу	uu
envenenar (vt)	ууландыруу	uulandıruu
envenenarse (vr)	уулануу	uulanuu

| suicidio (m) | жанын кыюу | ʤanın kıʤʉu |
| suicida (m, f) | жанын кыйгыч | ʤanın kıjgıtʃ |

amenazar (vt)	коркутуу	korkutuu
amenaza (f)	коркунуч	korkunutʃ
atentar (vi)	кол салуу	kol saluu
atentado (m)	кол салуу	kol saluu

| robar (un coche) | айдап кетүү | ajdap ketyy |
| secuestrar (un avión) | ала качуу | ala katʃuu |

venganza (f)	кек	kek
vengar (vt)	өч алуу	øtʃ aluu
torturar (vt)	кыйноо	kıjnoo
tortura (f)	кыйноо	kıjnoo

atormentar (vt)	азапка салуу	azapka saluu
pirata (m)	деңиз каракчысы	deŋiz karakʧısı
gamberro (m)	бейбаш	bejbaʃ
armado (adj)	куралданган	kuraldangan
violencia (f)	зордук	zorduk
ilegal (adj)	мыйзамдан тыш	mıjzamdan tıʃ
espionaje (m)	тыңчылык	tıŋʧılık
espiar (vi, vt)	тыңчылык кылуу	tıŋʧılık kıluu

162. La policía. La ley. Unidad 1

justicia (f)	адилеттүү сот	adilettyy sot
tribunal (m)	сот	sot
juez (m)	сот	sot
jurados (m pl)	сот калыстары	sot kalıstarı
tribunal (m) de jurados	калыстар соту	sot
juzgar (vt)	сотко тартуу	sotko tartuu
abogado (m)	жактоочу	dʒaktootʃu
acusado (m)	сот жообуна тартылган киши	sot dʒoobuna tartılgan kiʃi
banquillo (m) de los acusados	соттуулар отуруучу орун	sottuular oturuutʃu orun
inculpación (f)	айыптоо	ajıptoo
inculpado (m)	айыпталуучу	ajıptaluutʃu
sentencia (f)	өкүм	økym
sentenciar (vt)	өкүм чыгаруу	økym ʧıgaruu
culpable (m)	күнөөкөр	kynøøkør
castigar (vt)	жазалоо	dʒazaloo
castigo (m)	жаза	dʒaza
multa (f)	айып	ajıp
cadena (f) perpetua	өмүр бою	ømyr bojʉ
pena (f) de muerte	өлүм жазасы	ølym dʒazası
silla (f) eléctrica	электр столу	elektr stolu
horca (f)	дарга	darga
ejecutar (vt)	өлүм жазасын аткаруу	ølym dʒazasın atkaruu
ejecución (f)	өлүм жазасын аткаруу	ølym dʒazasın atkaruu
prisión (f)	түрмө	tyrmø
celda (f)	камера	kamera
escolta (f)	конвой	konvoj
guardia (m) de prisiones	түрмө сакчысы	tyrmø saktʃısı
prisionero (m)	камактагы адам	kamaktagı adam
esposas (f pl)	кишен	kiʃen
esposar (vt)	кишен кийгизүү	kiʃen kijgizyy
escape (m)	качуу	katʃuu

escaparse (vr)	качуу	katʃuu
desaparecer (vi)	жоголуп кетүү	dʒogolup ketyy
liberar (vt)	бошотуу	boʃotuu
amnistía (f)	амнистия	amnistija

policía (f) (~ nacional)	полиция	politsija
policía (m)	полиция кызматкери	politsija kızmatkeri
comisaría (f) de policía	полиция бөлүмү	politsija bølymy
porra (f)	резина союлчасы	rezina sojultʃası
megáfono (m)	керней	kernej

coche (m) patrulla	жол күзөт машинасы	dʒol kyzøt maʃinası
sirena (f)	сирена	sirena
poner la sirena	сиренаны басуу	sirenanı basuu
canto (m) de la sirena	сиренанын боздошу	sirenanın bozdoʃu

escena (f) del delito	кылмыш болгон жер	kılmıʃ bolgon dʒer
testigo (m)	күбө	kybø
libertad (f)	эркиндик	erkindik
cómplice (m)	шерик	ʃerik
escapar de …	из жашыруу	iz dʒaʃiruu
rastro (m)	из	iz

163. La policía. La ley. Unidad 2

búsqueda (f)	издөө	izdøø
buscar (~ el criminal)	… издөө	… izdøø
sospecha (f)	шек	ʃek
sospechoso (adj)	шектүү	ʃektyy
parar (~ en la calle)	токтотуу	toktotuu
retener (vt)	кармоо	karmoo

causa (f) (~ penal)	иш	iʃ
investigación (f)	териштирүү	teriʃtiryy
detective (m)	аңдуучу	aŋduutʃu
investigador (m)	тергөөчү	tergøøtʃy
versión (f)	жоромол	dʒoromol

motivo (m)	себеп	sebep
interrogatorio (m)	сурак	surak
interrogar (vt)	суракка алуу	surakka aluu
interrogar (al testigo)	сураштыруу	suraʃtıruu
control (m) (de vehículos, etc.)	текшерүү	tekʃeryy

redada (f)	тегеректөө	tegerektøø
registro (m) (~ de la casa)	тинтүү	tintyy
persecución (f)	куу	kuu
perseguir (vt)	изине түшүү	izine tyʃyy
rastrear (~ al criminal)	изине түшүү	izine tyʃyy

arresto (m)	камак	kamak
arrestar (vt)	камакка алуу	kamakka aluu
capturar (vt)	кармоо	karmoo
captura (f)	колго түшүрүү	kolgo tyʃyryy

documento (m)	документ	dokument
prueba (f)	далил	dalil
probar (vt)	далилдөө	dalildøø
huella (f) (pisada)	из	iz
huellas (f pl) digitales	манжанын изи	mandʒanın izi
elemento (m) de prueba	далил	dalil
coartada (f)	алиби	alibi
inocente (no culpable)	бейкүнөө	bejkynøø
injusticia (f)	адилетсиздик	adiletsizdik
injusto (adj)	адилетсиз	adiletsiz
criminal (adj)	кылмыштуу	kılmıʃtuu
confiscar (vt)	тартып алуу	tartıp aluu
narcótico (f)	баңгизат	baŋgizat
arma (f)	курал	kural
desarmar (vt)	куралсыздандыруу	kuralsızdandıruu
ordenar (vt)	буйрук берүү	bujruk beryy
desaparecer (vi)	жоголуп кетүү	dʒogolup ketyy
ley (f)	мыйзам	mıjzam
legal (adj)	мыйзамдуу	mıjzamduu
ilegal (adj)	мыйзамдан тыш	mıjzamdan tıʃ
responsabilidad (f)	жоопкерчилик	dʒoopkertʃilik
responsable (adj)	жоопкерчиликтүү	dʒoopkertʃiliktyy

LA NATURALEZA

La tierra. Unidad 1

164. El espacio

cosmos (m)	космос	kosmos
espacial, cósmico (adj)	космос	kosmos
espacio (m) cósmico	космос мейкиндиги	kosmos mejkindigi
mundo (m)	дүйнө	dyjnø
universo (m)	аалам	aalam
galaxia (f)	галактика	galaktika
estrella (f)	жылдыз	dʒıldız
constelación (f)	жылдыздар	dʒıldızdar
planeta (m)	планета	planeta
satélite (m)	жолдош	dʒoldoʃ
meteorito (m)	метеорит	meteorit
cometa (f)	комета	kometa
asteroide (m)	астероид	asteroid
órbita (f)	орбита	orbita
girar (vi)	айлануу	ajlanuu
atmósfera (f)	атмосфера	atmosfera
Sol (m)	күн	kyn
Sistema (m) Solar	күн системасы	kyn sisteması
eclipse (m) de Sol	күндүн тутулушу	kyndyn tutuluʃu
Tierra (f)	Жер	dʒer
Luna (f)	Ай	aj
Marte (m)	Марс	mars
Venus (f)	Венера	venera
Júpiter (m)	Юпитер	jupiter
Saturno (m)	Сатурн	saturn
Mercurio (m)	Меркурий	merkurij
Urano (m)	Уран	uran
Neptuno (m)	Нептун	neptun
Plutón (m)	Плутон	pluton
la Vía Láctea	Саманчынын жолу	samantʃının dʒolu
la Osa Mayor	Чоң Жетиген	tʃoŋ dʒetigen
la Estrella Polar	Полярдык Жылдыз	polʲardık dʒıldız
marciano (m)	марсианин	marsianin
extraterrestre (m)	инопланетянин	inoplanetʲanin

planetícola (m)	келгин	kelgin
platillo (m) volante	учуучу табак	utʃuutʃu tabak
nave (f) espacial	космос кемеси	kosmos kemesi
estación (f) orbital	орбитадагы станция	orbitadagı stantsija
despegue (m)	старт	start
motor (m)	кыймылдаткыч	kıjmıldatkıtʃ
tobera (f)	сопло	soplo
combustible (m)	күйүүчү май	kyjyytʃy may
carlinga (f)	кабина	kabina
antena (f)	антенна	antenna
ventana (f)	иллюминатор	illɯminator
batería (f) solar	күн батареясы	kyn batarejası
escafandra (f)	скафандр	skafandr
ingravidez (f)	салмаксыздык	salmaksızdık
oxígeno (m)	кислород	kislorod
atraque (m)	жалгаштыруу	dʒalgaʃtıruu
realizar el atraque	жалгаштыруу	dʒalgaʃtıruu
observatorio (m)	обсерватория	observatorija
telescopio (m)	телескоп	teleskop
observar (vt)	байкоо	bajkoo
explorar (~ el universo)	изилдөө	izildøø

165. La tierra

Tierra (f)	Жер	dʒer
globo (m) terrestre	жер шары	dʒer ʃarı
planeta (m)	планета	planeta
atmósfera (f)	атмосфера	atmosfera
geografía (f)	география	geografija
naturaleza (f)	табийгат	tabijgat
globo (m) terráqueo	глобус	globus
mapa (m)	карта	karta
atlas (m)	атлас	atlas
Europa (f)	Европа	evropa
Asia (f)	Азия	azija
África (f)	Африка	afrika
Australia (f)	Австралия	avstralija
América (f)	Америка	amerika
América (f) del Norte	Северная Америка	severnaja amerika
América (f) del Sur	Южная Америка	jɯdʒnaja amerika
Antártida (f)	Антарктида	antarktida
Ártico (m)	Арктика	arktika

166. Los puntos cardinales

norte (m)	түндүк	tyndyk
al norte	түндүккө	tyndykkø
en el norte	түндүктө	tyndyktø
del norte (adj)	түндүк	tyndyk
sur (m)	түштүк	tyʃtyk
al sur	түштүккө	tyʃtykkø
en el sur	түштүктө	tyʃtyktø
del sur (adj)	түштүк	tyʃtyk
oeste (m)	батыш	batıʃ
al oeste	батышка	batıʃka
en el oeste	батышта	batıʃta
del oeste (adj)	батыш	batıʃ
este (m)	чыгыш	ʧıgıʃ
al este	чыгышка	ʧıgıʃka
en el este	чыгышта	ʧıgıʃta
del este (adj)	чыгыш	ʧıgıʃ

167. El mar. El océano

mar (m)	деңиз	deŋiz
océano (m)	мухит	muχit
golfo (m)	булуң	buluŋ
estrecho (m)	кысык	kısık
tierra (f) firme	жер	dʒer
continente (m)	материк	materik
isla (f)	арал	aral
península (f)	жарым арал	dʒarım aral
archipiélago (m)	архипелаг	arχipelag
bahía (f)	булуң	buluŋ
puerto (m)	гавань	gavanʲ
laguna (f)	лагуна	laguna
cabo (m)	тумшук	tumʃuk
atolón (m)	атолл	atoll
arrecife (m)	риф	rif
coral (m)	маржан	mardʒan
arrecife (m) de coral	маржан рифи	mardʒan rifi
profundo (adj)	терең	tereŋ
profundidad (f)	терендик	tereŋdik
abismo (m)	түбү жок	tyby dʒok
fosa (f) oceánica	ойдуң	ojduŋ
corriente (f)	агым	agım
bañar (rodear)	курчап туруу	kurʧap turuu

orilla (f)	жээк	ʤeek
costa (f)	жээк	ʤeek
flujo (m)	суунун көтөрүлүшү	suunun køtørylyʃy
reflujo (m)	суунун тартылуусу	suunun tartıluusu
banco (m) de arena	тайыздык	tajızdık
fondo (m)	суунун түбү	suunun tyby
ola (f)	толкун	tolkun
cresta (f) de la ola	толкундун кыры	tolkundun kırı
espuma (f)	көбүк	købyk
tempestad (f)	бороон чапкын	boroon ʧapkın
huracán (m)	бороон	boroon
tsunami (m)	цунами	tsunami
bonanza (f)	штиль	ʃtilʲ
calmo, tranquilo	тынч	tınʧ
polo (m)	уюл	ujʉl
polar (adj)	полярдык	polʲardık
latitud (f)	кеңдик	keŋdik
longitud (f)	узундук	uzunduk
paralelo (m)	параллель	parallelʲ
ecuador (m)	экватор	ekvator
cielo (m)	асман	asman
horizonte (m)	горизонт	gorizont
aire (m)	аба	aba
faro (m)	маяк	majak
bucear (vi)	сүңгүү	syŋgyy
hundirse (vr)	чөгүп кетүү	ʧøgyp ketyy
tesoros (m pl)	казына	kazına

168. Las montañas

montaña (f)	тоо	too
cadena (f) de montañas	тоо тизмеги	too tizmegi
cresta (f) de montañas	тоо кыркалары	too kırkaları
cima (f)	чоку	ʧoku
pico (m)	чоку	ʧoku
pie (m)	тоо этеги	too etegi
cuesta (f)	эңкейиш	eŋkejiʃ
volcán (m)	вулкан	vulkan
volcán (m) activo	күйүп жаткан	kyjyp ʤatkan
volcán (m) apagado	өчүп калган вулкан	øʧyp kalgan vulkan
erupción (f)	атырылып чыгуу	atırılıp ʧıguu
cráter (m)	кратер	krater
magma (f)	магма	magma
lava (f)	лава	lava

fundido (lava ~a)	кызыган	kızıgan
cañón (m)	каньон	kanʲon
desfiladero (m)	капчыгай	kaptʃıgaj
grieta (f)	жарака	dʒaraka
precipicio (m)	жар	dʒar
puerto (m) (paso)	ашуу	aʃuu
meseta (f)	дөңсөө	døŋsøø
roca (f)	зоока	zooka
colina (f)	дөбө	døbø
glaciar (m)	муз	muz
cascada (f)	шаркыратма	ʃarkıratma
geiser (m)	гейзер	gejzer
lago (m)	көл	køl
llanura (f)	түздүк	tyzdyk
paisaje (m)	теребел	terebel
eco (m)	жаңырык	dʒaŋırık
alpinista (m)	альпинист	alʲpinist
escalador (m)	скалолаз	skalolaz
conquistar (vt)	багындыруу	bagındıruu
ascensión (f)	тоонун чокусуна чыгуу	toonun tʃokusuna tʃıguu

169. Los ríos

río (m)	дарыя	darıja
manantial (m)	булак	bulak
lecho (m) (curso de agua)	сай	saj
cuenca (f) fluvial	бассейн	bassejn
desembocar en ...	... куюу	... kujʉu
afluente (m)	куйма	kujma
ribera (f)	жээк	dʒeek
corriente (f)	агым	agım
río abajo (adv)	агым боюнча	agım bojʉntʃa
río arriba (adv)	агымга каршы	agımga karʃı
inundación (f)	ташкын	taʃkın
riada (f)	суу ташкыны	suu taʃkını
desbordarse (vr)	дайранын ташышы	dajranın taʃıʃı
inundar (vt)	суу каптоо	suu kaptoo
bajo (m) arenoso	тайыздык	tajızdık
rápido (m)	босого	bosogo
presa (f)	тогоон	togoon
canal (m)	канал	kanal
lago (m) artificiale	суу сактагыч	suu saktagıtʃ
esclusa (f)	шлюз	ʃlʉz
cuerpo (m) de agua	көлмө	kølmø
pantano (m)	саз	saz

ciénaga (m)	баткак	batkak
remolino (m)	айлампа	ajlampa
arroyo (m)	суу	suu
potable (adj)	ичилчү суу	itʃiltʃy suu
dulce (agua ~)	тузсуз	tuzsuz
hielo (m)	муз	muz
helarse (el lago, etc.)	тоңуп калуу	ʈoŋup kaluu

170. El bosque

bosque (m)	токой	tokoj
de bosque (adj)	токойлуу	tokojluu
espesura (f)	чытырман токой	tʃitɪrman tokoj
bosquecillo (m)	токойчо	tokojtʃo
claro (m)	аянт	ajant
maleza (f)	бадал	badal
matorral (m)	бадал	badal
senda (f)	чыйыр жол	tʃijɪr dʒol
barranco (m)	жар	dʒar
árbol (m)	дарак	darak
hoja (f)	жалбырак	dʒalbɪrak
follaje (m)	жалбырак	dʒalbɪrak
caída (f) de hojas	жалбырак түшүү мезгили	dʒalbɪrak tyʃyy mezgili
caer (las hojas)	түшүү	tyʃyy
cima (f)	чоку	tʃoku
rama (f)	бутак	butak
rama (f) (gruesa)	бутак	butak
brote (m)	бүчүр	bytʃyr
aguja (f)	ийне	ijne
piña (f)	тобурчак	toburtʃak
agujero (m)	көңдөй	køŋdøj
nido (m)	уя	uja
madriguera (f)	ийин	ijin
tronco (m)	сөңгөк	søŋgøk
raíz (f)	тамыр	tamɪr
corteza (f)	кыртыш	kɪrtɪʃ
musgo (m)	мох	moχ
extirpar (vt)	дүмүрүн казуу	dymyryn kazuu
talar (vt)	кыюу	kɪjʉu
deforestar (vt)	токойду кыюу	tokojdu kɪjʉu
tocón (m)	дүмүр	dymyr
hoguera (f)	от	ot
incendio (m)	өрт	ørt

apagar (~ el incendio)	өчүрүү	ötʃyryy
guarda (m) forestal	токойчу	tokojtʃu
protección (f)	өсумдуктөрду коргоо	øsymdyktørdy korgoo
proteger (vt)	сактоо	saktoo
cazador (m) furtivo	браконьер	brakonjer
cepo (m)	капкан	kapkan

recoger (setas)	терүү	teryy
recoger (bayas)	• терүү	teryy
perderse (vr)	адашып кетүү	adaʃıp ketyy

171. Los recursos naturales

recursos (m pl) naturales	жаратылыш байлыктары	dʒaratılıʃ bajlıktarı
minerales (m pl)	пайдалуу кендер	pajdaluu kender
depósitos (m pl)	кен	ken
yacimiento (m)	кендүү жер	kendyy dʒer

extraer (vt)	казуу	kazuu
extracción (f)	казуу	kazuu
mineral (m)	кен	ken
mina (f)	шахта	ʃaχta
pozo (m) de mina	шахта	ʃaχta
minero (m)	кенчи	kentʃi

| gas (m) | газ | gaz |
| gasoducto (m) | газопровод | gazoprovod |

petróleo (m)	мунайзат	munajzat
oleoducto (m)	мунайзар түтүгү	munajzar tytygy
torre (f) petrolera	мунайзат скважинасы	munajzat skvadʒinası
torre (f) de sondeo	мунайзат мунарасы	munajzat munarası
petrolero (m)	танкер	tanker

arena (f)	кум	kum
caliza (f)	акиташ	akitaʃ
grava (f)	шагыл	ʃagıl
turba (f)	торф	torf
arcilla (f)	ылай	ılaj
carbón (m)	көмүр	kømyr

hierro (m)	темир	temir
oro (m)	алтын	altın
plata (f)	күмүш	kymyʃ
níquel (m)	никель	nikelʲ
cobre (m)	жез	dʒez

zinc (m)	цинк	tsınk
manganeso (m)	марганец	marganets
mercurio (m)	сымап	sımap
plomo (m)	коргошун	korgoʃun

| mineral (m) | минерал | mineral |
| cristal (m) | кристалл | kristall |

mármol (m)	**мрамор**	mramor
uranio (m)	**уран**	uran

La tierra. Unidad 2

172. El tiempo

tiempo (m)	аба-ырайы	aba-ırajı
previsión (m) del tiempo	аба-ырайы боюнча маалымат	aba-ırajı bojunʧa maalımat
temperatura (f)	температура	temperatura
termómetro (m)	термометр	termometr
barómetro (m)	барометр	barometr
húmedo (adj)	нымдуу	nımduu
humedad (f)	ным	nım
bochorno (m)	ысык	ısık
tórrido (adj)	кыйын ысык	kıjın ısık
hace mucho calor	ысык	ısık
hace calor (templado)	жылуу	dʒıluu
templado (adj)	жылуу	dʒıluu
hace frío	суук	suuk
frío (adj)	суук	suuk
sol (m)	күн	kyn
brillar (vi)	күн тийүү	kyn tijyy
soleado (un día ~)	күн ачык	kyn aʧık
elevarse (el sol)	чыгуу	ʧıguu
ponerse (vr)	батуу	batuu
nube (f)	булут	bulut
nuboso (adj)	булуттуу	buluttuu
nubarrón (m)	булут	bulut
nublado (adj)	күн бүркөк	kyn byrkøk
lluvia (f)	жамгыр	dʒamgır
está lloviendo	жамгыр жаап жатат	dʒamgır dʒaap dʒatat
lluvioso (adj)	жаандуу	dʒaanduu
lloviznar (vi)	дыбыратуу	dıbıratuu
aguacero (m)	нөшөрлөгөн жаан	nøʃørløgøn dʒaan
chaparrón (m)	нөшөр	nøʃør
fuerte (la lluvia ~)	катуу	katuu
charco (m)	көлчүк	kølʧyk
mojarse (vr)	суу болуу	suu boluu
niebla (f)	туман	tuman
nebuloso (adj)	тумандуу	tumanduu
nieve (f)	кар	kar
está nevando	кар жаап жатат	kar dʒaap dʒatat

173. Los eventos climáticos severos. Los desastres naturales

tormenta (f)	чагылгандуу жаан	ʧagılganduu ʤaan
relámpago (m)	чагылган	ʧagılgan
relampaguear (vi)	жарк этүү	ʤark etyy
trueno (m)	күн күркүрөө	kyn kyrkyrøø
tronar (vi)	күн күркүрөө	kyn kyrkyrøø
está tronando	күн күркүрөп жатат	kyn kyrkyrøp ʤatat
granizo (m)	мөндүр	møndyr
está granizando	мөндүр түшүп жатат	møndyr tyʃyp ʤatat
inundar (vt)	суу каптоо	suu kaptoo
inundación (f)	ташкын	taʃkın
terremoto (m)	жер титирөө	ʤer titirøø
sacudida (f)	жердин силкиниши	ʤerdin silkiniʃi
epicentro (m)	эпицентр	epiʦentr
erupción (f)	атырылып чыгуу	atırılıp ʧıguu
lava (f)	лава	lava
torbellino (m)	куюн	kujʉn
tornado (m)	торнадо	tornado
tifón (m)	тайфун	tajfun
huracán (m)	бороон	boroon
tempestad (f)	бороон чапкын	boroon ʧapkın
tsunami (m)	цунами	ʦunami
ciclón (m)	циклон	ʦıklon
mal tiempo (m)	жаан-чачындуу күн	ʤaan-ʧaʧınduu kyn
incendio (m)	өрт	ørt
catástrofe (f)	кыйроо	kıjroo
meteorito (m)	метеорит	meteorit
avalancha (f)	көчкү	køʧky
alud (m) de nieve	кар көчкүсү	kar køʧkysy
ventisca (f)	кар бороону	kar boroonu
nevasca (f)	бурганак	burganak

La fauna

174. Los mamíferos. Los predadores

carnívoro (m)	жырткыч	dʒɪrtkɪtʃ
tigre (m)	жолборс	dʒolbors
león (m)	арстан	arstan
lobo (m)	карышкыр	karıʃkır
zorro (m)	түлкү	tylky
jaguar (m)	ягуар	jaguar
leopardo (m)	леопард	leopard
guepardo (m)	гепард	gepard
pantera (f)	пантера	pantera
puma (f)	пума	puma
leopardo (m) de las nieves	илбирс	ilbirs
lince (m)	сүлөөсүн	syløøsyn
coyote (m)	койот	kojot
chacal (m)	чөө	tʃøø
hiena (f)	гиена	giena

175. Los animales salvajes

animal (m)	жаныбар	dʒanıbar
bestia (f)	жапайы жаныбар	dʒapajı dʒanıbar
ardilla (f)	тыйын чычкан	tıjın tʃıtʃkan
erizo (m)	кирпичечен	kirpitʃetʃen
liebre (f)	коен	koen
conejo (m)	коен	koen
tejón (m)	кашкулак	kaʃkulak
mapache (m)	енот	enot
hámster (m)	хомяк	χomʲak
marmota (f)	суур	suur
topo (m)	момолой	momoloj
ratón (m)	чычкан	tʃıtʃkan
rata (f)	келемиш	kelemiʃ
murciélago (m)	жарганат	dʒarganat
armiño (m)	арс чычкан	ars tʃıtʃkan
cebellina (f)	киш	kiʃ
marta (f)	суусар	suusar
comadreja (f)	ласка	laska
visón (m)	норка	norka

castor (m)	кемчет	kemʧet
nutria (f)	кундуз	kunduz

caballo (m)	жылкы	dʒılkı
alce (m)	багыш	bagıʃ
ciervo (m)	бугу	bugu
camello (m)	төө	tøø

bisonte (m)	бизон	bizon
uro (m)	зубр	zubr
búfalo (m)	буйвол	bujvol

cebra (f)	зебра	zebra
antílope (m)	антилопа	antilopa
corzo (m)	элик	elik
gamo (m)	лань	lanʲ
gamuza (f)	жейрен	dʒejren
jabalí (m)	каман	kaman

ballena (f)	кит	kit
foca (f)	тюлень	tɯlenʲ
morsa (f)	морж	mordʒ
oso (m) marino	деңиз мышыгы	deŋiz mıʃıgı
delfín (m)	дельфин	delʲfin

oso (m)	аюу	ajɥu
oso (m) blanco	ак аюу	ak ajɥu
panda (f)	панда	panda

mono (m)	маймыл	majmıl
chimpancé (m)	шимпанзе	ʃimpanze
orangután (m)	орангутанг	orangutang
gorila (m)	горилла	gorilla
macaco (m)	макака	makaka
gibón (m)	гиббон	gibbon

elefante (m)	пил	pil
rinoceronte (m)	керик	kerik
jirafa (f)	жираф	dʒiraf
hipopótamo (m)	бегемот	begemot

canguro (m)	кенгуру	kenguru
koala (f)	коала	koala

mangosta (f)	мангуст	mangust
chinchilla (f)	шиншилла	ʃinʃilla
mofeta (f)	скунс	skuns
espín (m)	чүткөр	ʧytkør

176. Los animales domésticos

gata (f)	ургаачы мышык	urgaaʧı mıʃık
gato (m)	эркек мышык	erkek mıʃık
perro (m)	ит	it

caballo (m)	жылкы	dʒılkı
garañón (m)	айгыр	ajgır
yegua (f)	бээ	bee

vaca (f)	уй	uj
toro (m)	бука	buka
buey (m)	өгүз	øgyz

oveja (f)	кой	koj
carnero (m)	кочкор	kotʃkor
cabra (f)	эчки	etʃki
cabrón (m)	теке	teke

| asno (m) | эшек | eʃek |
| mulo (m) | качыр | katʃır |

cerdo (m)	чочко	tʃotʃko
cerdito (m)	торопой	toropoj
conejo (m)	коен	koen

| gallina (f) | тоок | took |
| gallo (m) | короз | koroz |

pato (m)	өрдөк	ørdøk
ánade (m)	эркек өрдөк	erkek ørdøk
ganso (m)	каз	kaz

| pavo (m) | күрп | kyrp |
| pava (f) | ургаачы күрп | urgaatʃı kyrp |

animales (m pl) domésticos	үй жаныбарлары	yj dʒanıbarları
domesticado (adj)	колго үйрөтүлгөн	kolgo yjrøtylgøn
domesticar (vt)	колго үйрөтүү	kolgo yjrøtyy
criar (vt)	өстүрүү	østyryy

granja (f)	ферма	ferma
aves (f pl) de corral	үй канаттулары	yj kanattuları
ganado (m)	мал	mal
rebaño (m)	бада	bada

caballeriza (f)	аткана	atkana
porqueriza (f)	чочкокана	tʃotʃkokana
vaquería (f)	уйкана	ujkana
conejal (m)	коенкана	koenkana
gallinero (m)	тоокана	tookana

177. Los perros. Las razas de perros

perro (m)	ит	it
perro (m) pastor	овчарка	ovtʃarka
pastor (m) alemán	немис овчаркасы	nemis ovtʃarkası
caniche (m), poodle (m)	пудель	pudelʲ
teckel (m)	такса	taksa
buldog (m)	бульдог	bulʲdog

bóxer (m)	боксёр	boksʲor
mastín (m) inglés	мастиф	mastif
rottweiler (m)	ротвейлер	rotvejler
dóberman (m)	доберман	doberman

basset hound (m)	бассет	basset
Bobtail (m)	бобтейл	bobtejl
dálmata (m)	далматинец	dalmatinets
cocker spaniel (m)	кокер-спаниэль	koker-spanielʲ

| Terranova (m) | ньюфаундленд | njʉfaundlend |
| san bernardo (m) | сенбернар | senbernar |

husky (m)	хаски	χaski
chow chow (m)	чау-чау	tʃau-tʃau
pomerania (m)	шпиц	ʃpits
pug (m), carlino (m)	мопс	mops

178. Los sonidos de los animales

ladrido (m)	үргүү	yryy
ladrar (vi)	үргүү	yryy
maullar (vi)	миёлоо	mijoloo
ronronear (vi)	мырылдоо	mırıldoo

mugir (vi)	маароо	maaroo
bramar (toro)	өкүргүү	økyryy
rugir (vi)	ырылдоо	ırıldoo

aullido (m)	уулуу	uuluu
aullar (vi)	уулуу	uuluu
gañir (vi)	кыңшылоо	kıŋʃiloo

balar (vi)	маароо	maaroo
gruñir (cerdo)	коркулдоо	korkuldoo
chillar (vi)	чаңыруу	tʃaŋıruu

croar (vi)	чардоо	tʃardoo
zumbar (vi)	зыңылдоо	zıŋıldoo
chirriar (vi)	чырылдоо	tʃırıldoo

179. Los pájaros

pájaro (m)	куш	kuʃ
paloma (f)	көгүчкөн	køgytʃkøn
gorrión (m)	таранчы	tarantʃı
paro (m)	синица	sinitsa
cotorra (f)	сагызган	sagızgan

cuervo (m)	кузгун	kuzgun
corneja (f)	карга	karga
chova (f)	таан	taan

grajo (m)	чаркарга	ʧarkarga
pato (m)	өрдөк	ørdøk
ganso (m)	каз	kaz
faisán (m)	кыргоол	kırgool

águila (f)	бүркүт	byrkyt
azor (m)	ителги	itelgi
halcón (m)	шумкар	ʃumkar

| buitre (m) | жору | dʒoru |
| cóndor (m) | кондор | kondor |

cisne (m)	аккуу	akkuu
grulla (f)	турна	turna
cigüeña (f)	илегилек	ilegilek

loro (m), papagayo (m)	тотукуш	totukuʃ
colibrí (m)	колибри	kolibri
pavo (m) real	тоос	toos

| avestruz (m) | төө куш | tøø kuʃ |
| garza (f) | көк кытан | køk kıtan |

| flamenco (m) | фламинго | flamɪngo |
| pelícano (m) | биргазан | birgazan |

| ruiseñor (m) | булбул | bulbul |
| golondrina (f) | чабалекей | ʧabalekej |

tordo (m)	таркылдак	tarkıldak
zorzal (m)	сайрагыч таркылдак	sajragıʧ tarkıldak
mirlo (m)	кара таңдай таркылдак	kara taŋdaj tarkıldak

vencejo (m)	кардыгач	kardıgaʧ
alondra (f)	торгой	torgoj
codorniz (f)	бөдөнө	bødønø

pico (m)	тоңкулдак	toŋkuldak
cuco (m)	күкүк	kykyk
lechuza (f)	мыкый үкү	mıkıj yky
búho (m)	үкү	yky
urogallo (m)	керең кур	kereŋ kur

| gallo lira (m) | кара кур | kara kur |
| perdiz (f) | кекилик | kekilik |

estornino (m)	чыйырчык	ʧıjırʧık
canario (m)	канарейка	kanarejka
ortega (f)	токой чили	tokoj ʧili

| pinzón (m) | зяблик | zʲablik |
| camachuelo (m) | снегирь | snegirʲ |

gaviota (f)	ак чардак	ak ʧardak
albatros (m)	альбатрос	alʲbatros
pingüino (m)	пингвин	pingvin

180. Los pájaros. El canto y los sonidos

cantar (vi)	сайроо	sajroo
gritar, llamar (vi)	кыйкыруу	kıjkıruu
cantar (el gallo)	"күкирикү" деп кыйкыруу	kykiriky' dep kıjkıruu
quiquiriquí (m)	күкирикү	kykiriky
cloquear (vi)	какылдоо	kakıldoo
graznar (vi)	каркылдоо	karkıldoo
graznar, parpar (vi)	бакылдоо	bakıldoo
piar (vi)	чыйылдоо	tʃıjıldoo
gorjear (vi)	чырылдоо	tʃırıldoo

181. Los peces. Los animales marinos

brema (f)	лещ	leʃtʃ
carpa (f)	карп	karp
perca (f)	окунь	okunʲ
siluro (m)	жаян	dʒajan
lucio (m)	чортон	tʃorton
salmón (m)	лосось	lososʲ
esturión (m)	осётр	osʲotr
arenque (m)	сельдь	selʲdʲ
salmón (m) del Atlántico	сёмга	sʲomga
caballa (f)	скумбрия	skumbrija
lenguado (m)	камбала	kambala
lucioperca (m)	судак	sudak
bacalao (m)	треска	treska
atún (m)	тунец	tunets
trucha (f)	форель	forelʲ
anguila (f)	угорь	ugorʲ
tembladera (f)	скат	skat
morena (f)	мурена	murena
piraña (f)	пиранья	piranja
tiburón (m)	акула	akula
delfín (m)	дельфин	delʲfin
ballena (f)	кит	kit
centolla (f)	краб	krab
medusa (f)	медуза	meduza
pulpo (m)	сегиз бут	segiz but
estrella (f) de mar	деңиз жылдызы	deŋiz dʒıldızı
erizo (m) de mar	деңиз кирписи	deŋiz kirpisi
caballito (m) de mar	деңиз тайы	deŋiz tajı
ostra (f)	устрица	ustritsa
camarón (m)	креветка	krevetka

bogavante (m)	омар	omar
langosta (f)	лангуст	langust

182. Los anfibios. Los reptiles

serpiente (f)	жылан	dʒılan
venenoso (adj)	уулуу	uuluu
víbora (f)	кара чаар жылан	kara tʃaar dʒılan
cobra (f)	кобра	kobra
pitón (m)	питон	piton
boa (f)	удав	udav
culebra (f)	сары жылан	sarı dʒılan
serpiente (m) de cascabel	шакылдак жылан	ʃakıldak dʒılan
anaconda (f)	анаконда	anakonda
lagarto (f)	кескелдирик	keskeldirik
iguana (f)	игуана	iguana
varano (m)	эчкемер	etʃkemer
salamandra (f)	саламандра	salamandra
camaleón (m)	хамелеон	χameleon
escorpión (m)	чаян	tʃajan
tortuga (f)	ташбака	taʃbaka
rana (f)	бака	baka
sapo (m)	курбака	kurbaka
cocodrilo (m)	крокодил	krokodil

183. Los insectos

insecto (m)	курт-кумурска	kurt-kumurska
mariposa (f)	көпөлөк	køpøløk
hormiga (f)	кумурска	kumurska
mosca (f)	чымын	tʃımın
mosquito (m) (picadura de ~)	чиркей	tʃirkej
escarabajo (m)	коңуз	koŋuz
avispa (f)	аары	aarı
abeja (f)	бал аары	bal aarı
abejorro (m)	жапан аары	dʒapan aarı
moscardón (m)	көгөөн	køgøøn
araña (f)	жөргөмүш	dʒørgømyʃ
telaraña (f)	желе	dʒele
libélula (f)	ийнелик	ijnelik
saltamontes (m)	чегиртке	tʃegirtke
mariposa (f) nocturna	көпөлөк	køpøløk
cucaracha (f)	таракан	tarakan
garrapata (f)	кене	kene

| pulga (f) | бүргө | byrgø |
| mosca (f) negra | майда чымын | majda ʧımın |

langosta (f)	чегиртке	ʧegirtke
caracol (m)	үлүл	ylyl
grillo (m)	кара чегиртке	kara ʧegirtke
luciérnaga (f)	жалтырак коңуз	dʒaltırak koŋuz
mariquita (f)	айланкөчөк	ajlankøʧøk
escarabajo (m) sanjuanero	саратан коңуз	saratan koŋuz

sanguijuela (f)	сүлүк	sylyk
oruga (f)	каз таман	kaz taman
gusano (m)	жер курту	dʒer kurtu
larva (f)	курт	kurt

184. Los animales. Las partes del cuerpo

pico (m)	тумшук	tumʃuk
alas (f pl)	канаттар	kanattar
pata (f)	чеңгел	ʧeŋgel
plumaje (m)	куштун жүнү	kuʃtun dʒyny
pluma (f)	канат	kanat
penacho (m)	көкүлчө	køkylʧø

branquias (f pl)	бакалоор	bakaloor
huevas (f pl)	балык уругу	balık urugu
larva (f)	курт	kurt
aleta (f)	сүзгүч	syzgyʧ
escamas (f pl)	кабырчык	kabırʧık

colmillo (m)	азуу тиш	azuu tiʃ
garra (f), pata (f)	таман	taman
hocico (m)	тумшук	tumʃuk
boca (f)	ооз	ooz
cola (f)	куйрук	kujruk
bigotes (m pl)	мурут	murut

| casco (m) (pezuña) | туяк | tujak |
| cuerno (m) | мүйүз | myjyz |

caparazón (m)	калканч	kalkanʧ
concha (f) (de moluscos)	үлүл кабыгы	ylyl kabıgı
cáscara (f) (de huevo)	кабык	kabık

| pelo (m) (de perro) | жүн | dʒyn |
| piel (f) (de vaca, etc.) | тери | teri |

185. Los animales. El hábitat

hábitat (m)	жашоо чөйрөсү	dʒaʃoo ʧøjrøsy
migración (f)	миграция	migraʦija
montaña (f)	тоо	too

arrecife (m)	риф	rif
roca (f)	зоока	zooka
bosque (m)	токой	tokoj
jungla (f)	джунгли	dʒungli
sabana (f)	саванна	savanna
tundra (f)	тундра	tundra
estepa (f)	талаа	talaa
desierto (m)	чөл	tʃøl
oasis (m)	оазис	oazis
mar (m)	деңиз	deŋiz
lago (m)	көл	køl
océano (m)	мухит	muχit
pantano (m)	саз	saz
de agua dulce (adj)	тузсуз суулу көл	tuzsuz suulu køl
estanque (m)	жасалма көлмө	dʒasalma kølmø
río (m)	дарыя	darija
cubil (m)	ийин	ijin
nido (m)	уя	uja
agujero (m)	көңдөй	køŋdøj
madriguera (f)	ийин	ijin
hormiguero (m)	кумурска уюгу	kumurska ujʉgu

La flora

186. Los árboles

árbol (m)	дарак	darak
foliáceo (adj)	жалбырактуу	ʤalbıraktuu
conífero (adj)	ийне жалбырактуулар	ijne ʤalbıraktuular
de hoja perenne	дайым жашыл	dajım ʤaʃıl
manzano (m)	алма бак	alma bak
peral (m)	алмурут бак	almurut bak
cerezo (m)	гилас	gilas
guindo (m)	алча	altʃa
ciruelo (m)	кара өрүк	kara øryk
abedul (m)	ак кайың	ak kajıŋ
roble (m)	эмен	emen
tilo (m)	жеке дарак	ʤøkø darak
pobo (m)	бай терек	baj terek
arce (m)	клён	klʲon
picea (m)	кара карагай	kara karagaj
pino (m)	карагай	karagaj
alerce (m)	лиственница	listvennitsa
abeto (m)	пихта	piχta
cedro (m)	кедр	kedr
álamo (m)	терек	terek
serbal (m)	четин	tʃetin
sauce (m)	мажүрүм тал	maʤyrym tal
aliso (m)	ольха	olʲχa
haya (f)	бук	buk
olmo (m)	кара жыгач	kara ʤıgatʃ
fresno (m)	ясень	jasenʲ
castaño (m)	каштан	kaʃtan
magnolia (f)	магнолия	magnolija
palmera (f)	пальма	palʲma
ciprés (m)	кипарис	kiparis
mangle (m)	мангро дарагы	mangro daragı
baobab (m)	баобаб	baobab
eucalipto (m)	эвкалипт	evkalipt
secoya (f)	секвойя	sekvoja

187. Los arbustos

mata (f)	бадал	badal
arbusto (m)	бадал	badal

| vid (f) | жүзүм | dʒyzym |
| viñedo (m) | жүзүмдүк | dʒyzymdyk |

frambueso (m)	дан куурай	dan kuuraj
grosella (f) negra	кара карагат	kara karagat
grosellero (f) rojo	кызыл карагат	kızıl karagat
grosellero (m) espinoso	крыжовник	krıdʒovnik

acacia (f)	акация	akatsija
berberís (m)	бөрү карагат	børy karagat
jazmín (m)	жасмин	dʒasmin

enebro (m)	кара арча	kara artʃa
rosal (m)	роза бадалы	roza badalı
escaramujo (m)	ит мурун	it murun

188. Los hongos

seta (f)	козу карын	kozu karın
seta (f) comestible	желе турган козу карын	dʒele turgan kozu karın
seta (f) venenosa	уулуу козу карын	uuluu kozu karın
sombrerete (m)	козу карындын телпеги	kozu karındın telpegi
estipe (m)	аякчасы	ajaktʃası

seta calabaza (f)	ак козу карын	ak kozu karın
boleto (m) castaño	подосиновик	podosinovik
boleto (m) áspero	подберёзовик	podberʲozovik
rebozuelo (m)	лисичка	lisitʃka
rúsula (f)	сыроежка	sıroedʒka

colmenilla (f)	сморчок	smortʃok
matamoscas (m)	мухомор	muχomor
oronja (f) verde	поганка	poganka

189. Las frutas. Las bayas

| fruto (m) | мөмө-жемиш | mømø-dʒemiʃ |
| frutos (m pl) | мөмө-жемиш | mømø-dʒemiʃ |

manzana (f)	алма	alma
pera (f)	алмурут	almurut
ciruela (f)	кара өрүк	kara øryk

fresa (f)	кулпунай	kulpunaj
guinda (f)	алча	altʃa
cereza (f)	гилас	gilas
uva (f)	жүзүм	dʒyzym

frambuesa (f)	дан куурай	dan kuuraj
grosella (f) negra	кара карагат	kara karagat
grosella (f) roja	кызыл карагат	kızıl karagat
grosella (f) espinosa	крыжовник	krıdʒovnik

arándano (m) agrio	клюква	klükva
naranja (f)	апельсин	apelʲsin
mandarina (f)	мандарин	mandarin
ananás (m)	ананас	ananas
banana (f)	банан	banan
dátil (m)	курма	kurma

limón (m)	лимон	limon
albaricoque (m)	өрүк	øryk
melocotón (m)	шабдаалы	ʃabdaalı
kiwi (m)	киви	kivi
pomelo (m)	грейпфрут	grejpfrut

baya (f)	жер жемиш	dʒer dʒemiʃ
bayas (f pl)	жер жемиштер	dʒer dʒemiʃter
arándano (m) rojo	брусника	brusnika
fresa (f) silvestre	кызылгат	kızılgat
arándano (m)	кара моюл	kara mojül

190. Las flores. Las plantas

| flor (f) | гүл | gyl |
| ramo (m) de flores | десте | deste |

rosa (f)	роза	roza
tulipán (m)	жоогазын	dʒoogazın
clavel (m)	гвоздика	gvozdika
gladiolo (m)	гладиолус	gladiolus

aciano (m)	ботокөз	botokøz
campanilla (f)	коңгуроо гүл	koŋguroo gyl
diente (m) de león	каакым-кукум	kaakım-kukum
manzanilla (f)	ромашка	romaʃka

áloe (m)	алоэ	aloe
cacto (m)	кактус	kaktus
ficus (m)	фикус	fikus

azucena (f)	лилия	lilija
geranio (m)	герань	geranʲ
jacinto (m)	гиацинт	giatsint

mimosa (f)	мимоза	mimoza
narciso (m)	нарцисс	nartsiss
capuchina (f)	настурция	nasturtsija

orquídea (f)	орхидея	orχideja
peonía (f)	пион	pion
violeta (f)	бинапша	binapʃa

trinitaria (f)	алагүл	alagyl
nomeolvides (f)	незабудка	nezabudka
margarita (f)	маргаритка	margaritka
amapola (f)	кызгалдак	kızgaldak

| cáñamo (m) | наша | naʃa |
| menta (f) | жалбыз | dʒalbɪz |

| muguete (m) | ландыш | landɪʃ |
| campanilla (f) de las nieves | байчечекей | bajtʃetʃekej |

ortiga (f)	чалкан	tʃalkan
acedera (f)	ат кулак	at kulak
nenúfar (m)	чөмүч баш	tʃømytʃ baʃ
helecho (m)	папоротник	paporotnik
liquen (m)	лишайник	liʃajnik

invernadero (m) tropical	күнөскана	kynøskana
césped (m)	газон	gazon
macizo (m) de flores	клумба	klumba

planta (f)	өсүмдүк	øsymdyk
hierba (f)	чөп	tʃøp
hoja (f) de hierba	бир тал чөп	bir tal tʃøp

hoja (f)	жалбырак	dʒalbɪrak
pétalo (m)	гүлдүн желекчеси	gyldyn dʒelektʃesi
tallo (m)	сабак	sabak
tubérculo (m)	жемиш тамыр	dʒemiʃ tamɪr

| retoño (m) | өсмө | øsmø |
| espina (f) | тикен | tiken |

florecer (vi)	гүлдөө	gyldøø
marchitarse (vr)	соолуу	sooluu
olor (m)	жыт	dʒɪt
cortar (vt)	кесүү	kesyy
coger (una flor)	үзүү	yzyy

191. Los cereales, los granos

grano (m)	дан	dan
cereales (m pl) (plantas)	дан эгиндери	dan eginderi
espiga (f)	машак	maʃak

trigo (m)	буудай	buudaj
centeno (m)	кара буудай	kara buudaj
avena (f)	сулу	sulu
mijo (m)	таруу	taruu
cebada (f)	арпа	arpa
maíz (m)	жүгөрү	dʒygøry
arroz (m)	күрүч	kyrytʃ
alforfón (m)	гречиха	gretʃiχa

guisante (m)	нокот	nokot
fréjol (m)	төө буурчак	tøø buurtʃak
soya (f)	соя	soja
lenteja (f)	жасмык	dʒasmɪk
habas (f pl)	буурчак	buurtʃak

GEOGRAFÍA REGIONAL

Los países. Las nacionalidades

192. La política. El gobierno. Unidad 1

política (f)	саясат	sajasat
político (adj)	саясий	sajasij
político (m)	саясатчы	sajasatʧı
Estado (m)	мамлекет	mamleket
ciudadano (m)	жаран	dʒaran
ciudadanía (f)	жарандык	dʒarandık
escudo (m) nacional	улуттук герб	uluttuk gerb
himno (m) nacional	мамлекеттик гимн	mamlekettik gimn
gobierno (m)	өкмөт	økmøt
jefe (m) de estado	мамлекет башчысы	mamleket baʃʧısı
parlamento (m)	парламент	parlament
partido (m)	партия	partija
capitalismo (m)	капитализм	kapitalizm
capitalista (adj)	капиталистик	kapitalistik
socialismo (m)	социализм	sotsializm
socialista (adj)	социалистик	sotsialistik
comunismo (m)	коммунизм	kommunizm
comunista (adj)	коммунистик	kommunistik
comunista (m)	коммунист	kommunist
democracia (f)	демократия	demokratija
demócrata (m)	демократ	demokrat
democrático (adj)	демократиялык	demokratijalık
partido (m) democrático	демократиялык партия	demokratijalık partija
liberal (m)	либерал	liberal
liberal (adj)	либералдык	liberaldık
conservador (m)	консерватор	konservator
conservador (adj)	консервативдик	konservativdik
república (f)	республика	respublika
republicano (m)	республикачы	respublikaʧı
partido (m) republicano	республикалык	respublikalık
elecciones (f pl)	шайлоо	ʃajloo
elegir (vi)	шайлоо	ʃajloo

elector (m)	шайлоочу	ʃajlootʃu
campaña (f) electoral	шайлоо кампаниясы	ʃajloo kampanijası
votación (f)	добуш	dobuʃ
votar (vi)	добуш берүү	dobuʃ beryy
derecho (m) a voto	добуш берүү укугу	dobuʃ beryy ukugu
candidato (m)	талапкер	talapker
presentar su candidatura	талапкерлигин көрсөтүү	talapkerligin kørsøtyy
campaña (f)	кампания	kampanija
de oposición (adj)	оппозициялык	oppozitsijalık
oposición (f)	оппозиция	oppozitsija
visita (f)	визит	vizit
visita (f) oficial	расмий визит	rasmij vizit
internacional (adj)	эл аралык	el aralık
negociaciones (f pl)	сүйлөшүүлөр	syjløʃyylør
negociar (vi)	сүйлөшүүлөр жүргүзүү	syjløʃyylør dʒyrgyzyy

193. La política. El gobierno. Unidad 2

sociedad (f)	коом	koom
constitución (f)	конституция	konstitutsija
poder (m)	бийлик	bijlik
corrupción (f)	коррупция	korruptsija
ley (f)	мыйзам	mıjzam
legal (adj)	мыйзамдуу	mıjzamduu
justicia (f)	адилеттик	adilettik
justo (adj)	адилеттүү	adilettyy
comité (m)	комитет	komitet
proyecto (m) de ley	мыйзам долбоору	mıjzam dolbooru
presupuesto (m)	бюджет	bʉdʒet
política (f)	саясат	sajasat
reforma (f)	реформа	reforma
radical (adj)	радикалдуу	radikalduu
potencia (f) (~ militar, etc.)	күч	kytʃ
poderoso (adj)	кудуреттүү	kudurettyy
partidario (m)	жактоочу	dʒaktootʃu
influencia (f)	таасир	taasir
régimen (m)	түзүм	tyzym
conflicto (m)	чыр-чатак	tʃır-tʃatak
complot (m)	заговор	zagovor
provocación (f)	айгак аракети	ajgak araketi
derrocar (al régimen)	кулатуу	kulatuu
derrocamiento (m)	кулатуу	kulatuu
revolución (f)	ыңкылап	ıŋkılap

| golpe (m) de estado | төңкөрүш | tøŋkøryʃ |
| golpe (m) militar | аскердик төңкөрүш | askerdik tøŋkøryʃ |

crisis (m)	каатчылык	kaatʧılık
recesión (f) económica	экономикалык төмөндөө	ekonomikalık tømøndøø
manifestante (m)	демонстрант	demonstrant
manifestación (f)	демонстрация	demonstraʦija
ley (m) marcial	согуш абалында	soguʃ abalında
base (f) militar	аскер базасы	asker bazası

| estabilidad (f) | туруктуулук | turuktuuluk |
| estable (adj) | туруктуу | turuktuu |

| explotación (f) | эзүү | ezyy |
| explotar (vt) | эзүү | ezyy |

racismo (m)	расизм	rasizm
racista (m)	расист	rasist
fascismo (m)	фашизм	faʃizm
fascista (m)	фашист	faʃist

194. Los países. Miscelánea

extranjero (m)	чет өлкөлүк	ʧet ølkølyk
extranjero (adj)	чет өлкөлүк	ʧet ølkølyk
en el extranjero	чет өлкөдө	ʧet ølkødø

emigrante (m)	эмигрант	emigrant
emigración (f)	эмиграция	emigraʦija
emigrar (vi)	башка өлкөгө көчүү	baʃka ølkøgø køʧyy

Oeste (m)	Батыш	batıʃ
Este (m)	Чыгыш	ʧıgıʃ
Extremo Oriente (m)	Алыскы Чыгыш	alıskı ʧıgıʃ

civilización (f)	цивилизация	ʦivilizaʦija
humanidad (f)	адамзат	adamzat
mundo (m)	аалам	aalam
paz (f)	тынчтык	tınʧtık
mundial (adj)	дүйнөлүк	dyjnølyk

patria (f)	мекен	meken
pueblo (m)	эл	el
población (f)	калк	kalk
gente (f)	адамдар	adamdar
nación (f)	улут	ulut
generación (f)	муун	muun

territorio (m)	аймак	ajmak
región (m)	регион	region
estado (m) (parte de un país)	штат	ʃtat

| tradición (f) | салт | salt |
| costumbre (f) | үрп-адат | yrp-adat |

ecología (f)	экология	ekologija
indio (m)	индеец	indeets
gitano (m)	цыган	tsıgan
gitana (f)	цыган аял	tsıgan ajal
gitano (adj)	цыгандык	tsıgandık
imperio (m)	империя	imperija
colonia (f)	колония	kolonija
esclavitud (f)	кулчулук	kultʃuluk
invasión (f)	басып келүү	basıp kelyy
hambruna (f)	ачарчылык	atʃartʃılık

195. Grupos religiosos principales. Las confesiones

religión (f)	дин	din
religioso (adj)	диний	dinij
creencia (f)	диний ишеним	dinij iʃenim
creer (en Dios)	ишенүү	iʃenyy
creyente (m)	динчил	dintʃil
ateísmo (m)	атеизм	ateizm
ateo (m)	атеист	ateist
cristianismo (m)	Христианчылык	χristiantʃılık
cristiano (m)	христиан	χristian
cristiano (adj)	христиандык	χristiandık
catolicismo (m)	Католицизм	katolitsizm
católico (m)	католик	katolik
católico (adj)	католиктер	katolikter
protestantismo (m)	Протестантизм	protestantizm
Iglesia (f) Protestante	Протестанттык чиркөө	protestanttık tʃirkøø
protestante (m)	протестанттар	protestanttar
Ortodoxia (f)	Православие	pravoslavie
Iglesia (f) Ortodoxa	Православдык чиркөө	pravoslavdık tʃirkøø
ortodoxo (m)	православдык	pravoslavdık
Presbiterianismo (m)	Пресвитерианчылык	presviteriantʃılık
Iglesia (f) Presbiteriana	Пресвитериандык чиркөө	presviteriandık tʃirkøø
presbiteriano (m)	пресвитериандык	presviteriandık
Iglesia (f) Luterana	Лютерандык чиркөө	luterandık tʃirkøø
luterano (m)	лютерандык	luterandık
Iglesia (f) Bautista	Баптизм	baptizm
bautista (m)	баптист	baptist
Iglesia (f) Anglicana	Англикан чиркөөсү	anglikan tʃirkøøsy
anglicano (m)	англикан	anglikan
mormonismo (m)	Мормондук	mormonduk
mormón (m)	мормон	mormon

| judaísmo (m) | Иудаизм | iudaizm |
| judío (m) | иудей | iudej |

| Budismo (m) | Буддизм | buddizm |
| budista (m) | буддист | buddist |

| Hinduismo (m) | Индуизм | induizm |
| hinduista (m) | индуист | induist |

Islam (m)	Ислам	islam
musulmán (m)	мусулман	musulman
musulmán (adj)	мусулмандык	musulmandık

| chiísmo (m) | Шиизм | ʃiizm |
| chiita (m) | шиит | ʃiit |

| sunismo (m) | Суннизм | sunnizm |
| suní (m, f) | суннит | sunnit |

196. Las religiones. Los sacerdotes

| sacerdote (m) | поп | pop |
| Papa (m) | Рим Папасы | rim papası |

monje (m)	кечил	ketʃil
monja (f)	кечил аял	ketʃil ajal
pastor (m)	пастор	pastor

abad (m)	аббат	abbat
vicario (m)	викарий	vikarij
obispo (m)	епископ	episkop
cardenal (m)	кардинал	kardinal

predicador (m)	диний үгүттөөчү	dinij ygyttøøtʃy
prédica (f)	үгүт	ygyt
parroquianos (m pl)	чиркөө коомунун мүчөлөрү	tʃirkøø koomunun mytʃøløry

| creyente (m) | динчил | dintʃil |
| ateo (m) | атеист | ateist |

197. La fé. El cristianismo. El islamismo

| Adán | Адам ата | adam ata |
| Eva | Обо эне | obo ene |

Dios (m)	Кудай	kudaj
Señor (m)	Алла талаа	alla talaa
el Todopoderoso	Кудуреттүү	kudurettyy

| pecado (m) | күнөө | kynøø |
| pecar (vi) | күнөө кылуу | kynøø kıluu |

pecador (m)	күнөөкөр	kynøøkør
pecadora (f)	күнөөкөр аял	kynøøkør ajal
infierno (m)	тозок	tozok
paraíso (m)	бейиш	bejiʃ
Jesús	Иса	isa
Jesucristo (m)	Иса Пайгамбар	isa pajgambar
Espíritu (m) Santo	Ыйык Рух	ijik ruχ
el Salvador	Куткаруучу	kutkaruutʃu
la Virgen María	Бүбү Мариям	byby marijam
diablo (m)	Шайтан	ʃajtan
diabólico (adj)	шайтан	ʃajtan
Satán (m)	Шайтан	ʃajtan
satánico (adj)	шайтандык	ʃajtandık
ángel (m)	периште	periʃte
ángel (m) custodio	сактагыч периште	saktagıtʃ periʃte
angelical (adj)	периште	periʃte
apóstol (m)	апостол	apostol
arcángel (m)	архангель	arχangelʲ
anticristo (m)	антихрист	antiχrist
Iglesia (f)	Чиркөө	tʃirkøø
Biblia (f)	библия	biblija
bíblico (adj)	библиялык	biblijalık
Antiguo Testamento (m)	Эзелки осуят	ezelki osujat
Nuevo Testamento (m)	Жаңы осуят	dʒaŋı osujat
Evangelio (m)	Евангелие	evangelie
Sagrada Escritura (f)	Ыйык	ijik
cielo (m)	Жаннат	dʒannat
mandamiento (m)	парз	parz
profeta (m)	пайгамбар	pajgambar
profecía (f)	пайгамбар сөзү	pajgambar søzy
Alá	Аллах	allaχ
Mahoma	Мухаммед	muχammed
Corán (m)	Куран	kuran
mezquita (f)	мечит	metʃit
mulá (m), mullah (m)	мулла	mulla
oración (f)	дуба	duba
orar (vi)	дуба кылуу	duba kıluu
peregrinación (f)	зыярат	zıjarat
peregrino (m)	зыяратчы	zıjarattʃı
La Meca	Мекке	mekke
iglesia (f)	чиркөө	tʃirkøø
templo (m)	ибадаткана	ibadatkana
catedral (f)	чоң чиркөө	tʃoŋ tʃirkøø

gótico (adj)	готикалуу	gotikaluu
sinagoga (f)	синагога	sinagoga
mezquita (f)	мечит	metʃit
capilla (f)	кичинекей чиркөө	kitʃinekej tʃirkøø
abadía (f)	аббаттык	abbattık
monasterio (m)	монастырь	monastırʲ
campana (f)	коңгуроо	konguroo
campanario (m)	коңгуроо мунарасы	konguroo munarası
sonar (vi)	коңгуроо кагуу	konguroo kaguu
cruz (f)	крест	krest
cúpula (f)	купол	kupol
icono (m)	икона	ikona
alma (f)	жан	dʒan
destino (m)	тагдыр	tagdır
maldad (f)	жамандык	dʒamandık
bien (m)	жакшылык	dʒakʃılık
vampiro (m)	кан соргуч	kan sorgutʃ
bruja (f)	жез тумшук	dʒez tumʃuk
demonio (m)	шайтан	ʃajtan
espíritu (m)	арбак	arbak
redención (f)	күнөөнү жуу	kynøøny dʒuu
redimir (vt)	күнөөнү жуу	kynøøny dʒuu
culto (m), misa (f)	ибадат	ibadat
decir misa	ибадат кылуу	ibadat kıluu
confesión (f)	сыр төгүү	sır tøgyy
confesarse (vr)	сыр төгүү	sır tøgyy
santo (m)	ыйык	ıjık
sagrado (adj)	ыйык	ıjık
agua (f) santa	ыйык суу	ıjık suu
rito (m)	диний ырым-жырым	dinij ırım-dʒırım
ritual (adj)	диний ырым-жырым	dinij ırım-dʒırım
sacrificio (m)	курмандык	kurmandık
superstición (f)	ырым-жырым	ırım-dʒırım
supersticioso (adj)	ырымчыл	ırımtʃıl
vida (f) de ultratumba	тиги дүйнө	tigi dyjnø
vida (f) eterna	түбөлүк жашоо	tybølyk dʒaʃoo

MISCELÁNEA

198. Varias palabras útiles

alto (m) (descanso)	токтотуу	toktotuu
ayuda (f)	жардам	dʒardam
balance (m)	теңдем	teŋdem
barrera (f)	тоскоолдук	toskoolduk
base (f) (~ científica)	түп	typ
categoría (f)	категория	kategorija
causa (f)	себеп	sebep
coincidencia (f)	дал келгендик	dal kelgendik
comienzo (m) (principio)	башталыш	baʃtalıʃ
comparación (f)	салыштырма	salıʃtırma
compensación (f)	ордун толтуруу	ordun tolturuu
confortable (adj)	ынгайлуу	ıngajluu
cosa (f) (objeto)	буюм	bujʉm
crecimiento (m)	өсүү	øsyy
desarrollo (m)	өнүгүү	ønygyy
diferencia (f)	айырма	ajırma
efecto (m)	таасир	taasir
ejemplo (m)	мисал	misal
elección (f)	тандоо	tandoo
elemento (m)	элемент	element
error (m)	ката	kata
esfuerzo (m)	күч аракет	kytʃ araket
estándar (adj)	стандарттуу	standarttuu
estándar (m)	стандарт	standart
estilo (m)	стиль	stilʲ
fin (m)	бүтүү	bytyy
fondo (m) (color de ~)	фон	fon
forma (f) (contorno)	тариз	tariz
frecuente (adj)	бат-бат	bat-bat
grado (m) (en mayor ~)	д아ража	daradʒa
hecho (m)	далил	dalil
ideal (m)	идеал	ideal
laberinto (m)	лабиринт	labirint
modo (m) (de otro ~)	ыкма	ıkma
momento (m)	учур	utʃur
objeto (m)	объект	obʰjekt
obstáculo (m)	тоскоолдук	toskoolduk
original (m)	түпнуска	typnuska
parte (f)	бөлүгү	bølygy

partícula (f)	бөлүкчө	bølyktʃø
pausa (f)	тыныгуу	tınıguu
posición (f)	позиция	pozitsija
principio (m) (tener por ~)	усул	usul
problema (m)	көйгөй	køjgøj

proceso (m)	жараян	dʒarajan
progreso (m)	өнүгүү	ønygyy
propiedad (f) (cualidad)	касиет	kasiet
reacción (f)	реакция	reaktsija

riesgo (m)	тобокел	tobokel
secreto (m)	сыр	sır
serie (f)	катар	katar
sistema (m)	тутум	tutum
situación (f)	кырдаал	kırdaal

solución (f)	чечүү	tʃetʃyy
tabla (f) (~ de multiplicar)	жадыбал	dʒadıbal
tempo (m) (ritmo)	темп	temp
término (m)	атоо	atoo

tipo (m) (~ de deportes)	түр	tyr
tipo (m) (no es mi ~)	түр	tyr
turno (m) (esperar su ~)	кезек	kezek
urgente (adj)	шашылыш	ʃaʃılıʃ

urgentemente	шашылыш	ʃaʃılıʃ
utilidad (f)	пайда	pajda
variante (f)	вариант	variant
verdad (f)	чындык	tʃındık
zona (f)	алкак	alkak

www.ingramcontent.com/pod-product-compliance
Lightning Source LLC
LaVergne TN
LVHW051342080426
835509LV00020BA/3252